Currículo e competências:
a formação administrada

Conselho Editorial de Educação:
José Cerchi Fusari
Marcos Antonio Lorieri
Marcos Cezar de Freitas
Marli André
Pedro Goergen
Terezinha Azerêdo Rios
Valdemar Sguissardi
Vitor Henrique Paro

Dados Internacionais de Catalogação na Publicação (CIP)
(Câmara Brasileira do Livro, SP, Brasil)

Silva, Monica Ribeiro da
  Currículo e competências : a formação administrada /
Monica Ribeiro da Silva. — São Paulo : Cortez, 2008.

  Bibliografia.
  ISBN 978-85-249-1339-6

  1. Competências 2. Currículos 3. Educação baseada na
competência 4. Reforma do ensino I. Título.

07-8111   CDD-375.0001

Índices para catálogo sistemático:

1. Currículos e competências : Educação   375.0001

Monica Ribeiro da Silva

Currículo e competências: a formação administrada

1ª edição
1ª reimpressão

CURRÍCULO E COMPETÊNCIAS: a formação administrada
Monica Ribeiro da Silva

Capa: aeroestúdio
Preparação de originais: Ana Paula Luccisano
Revisão: Maria de Lourdes de Almeida
Composição: Linea Editora Ltda.
Coordenação editorial: Danilo A. Q. Morales

Nenhuma parte desta obra pode ser reproduzida ou duplicada
sem a autorização expressa da autora e do editor.

© 2007 by Autora

Direitos para esta edição
CORTEZ EDITORA
Rua Monte Alegre, 1074 — Perdizes
05014-001 — São Paulo-SP
Tel.: (11) 3864-0111   Fax: (11) 3864-4290
e-mail: cortez@cortezeditora.com.br
www.cortezeditora.com.br

Impresso no Brasil — março de 2012

Meus agradecimentos a todos
os que contribuíram para que
este trabalho se viabilizasse.

Lista de Siglas

AI — Inteligência Artificial.
BID — Banco Interamericano de Desenvolvimento.
BIRD — Banco Internacional de Reconstrução e Desenvolvimento.
BM — Banco Mundial.
CEB — Câmara de Educação Básica.
CEPAL — Comissão Econômica para a América Latina e Caribe.
CF — Constituição Federal.
CINTERFOR — Centro Interamericano de Investigação e Documentação sobre Formação Profissional.
CNE — Conselho Nacional de Educação.
CONSED — Conselho Nacional de Secretários Estaduais de Educação.
DACUM — Developing the Curriculum.
DCN — Diretrizes Curriculares Nacionais.
DCNEM — Diretrizes Curriculares Nacionais para o Ensino Médio.
ENEM — Exame Nacional do Ensino Médio.
INEP — Instituto Nacional de Estudos e Pesquisas Educacionais.
LDB — Lei de Diretrizes e Bases da Educação.
MEC — Ministério da Educação.
MTb — Ministério do Trabalho.
OCDE — Organização para Cooperação e Desenvolvimento Econômico.
OTT — Oficina Internacional do Trabalho.

PBQP — Programa Brasileiro de Qualidade e Produtividade.

PCN — Parâmetros Curriculares Nacionais.

PCNEM — Parâmetros Curriculares Nacionais para o Ensino Médio.

PLANFOR — Plano Nacional de Educação Profissional.

PNQUC — Programa Nacional de Qualificação e Certificação.

PNUD — Programa das Nações Unidas para o Desenvolvimento.

PROEM — Programa de Expansão, Melhoria e Inovação no Ensino Médio.

PROEP — Programa de Expansão da Educação Profissional.

SAEB — Sistema Nacional de Avaliação da Educação Básica.

SEFOR — Secretaria de Formação e Desenvolvimento Profissional.

SEMTEC — Secretaria de Educação Média e Tecnológica.

UNDIME — União Nacional dos Dirigentes Municipais de Educação.

UNESCO — Organização das Nações Unidas para Educação, Ciência e Cultura.

UNICEF — Fundo das Nações Unidas para a Infância.

Sumário

Introdução 11

1. Currículo e formação humana: racionalidade e adaptação ... 23
    1.1 A escola e o currículo: a formação administrada 23
    1.2 Currículo e reformas educacionais 32
    1.3 A operacionalização da linguagem no currículo oficial 36

2. Formação Humana e "Teorias da Competência" 42
    2.1 Aprender a aprender:
        Piaget e a competência cognitiva 42
    2.2 Competência lingüística:
        a teoria da sintaxe de Chomsky 49
    2.3 A raiz condutista da noção de competências:
        tecnicismo e Pedagogia por Objetivos 55

3. O "modelo de competências": o trabalho e as tendências
   no âmbito da educação profissional 62
    3.1 Acumulação flexível e mudanças na formação para o
        trabalho 62
    3.2 O modelo de competências nas proposições de
        formação profissional no Brasil 71

3.3 Da qualificação para as competências: deslocamento
conceitual no campo da formação profissional 76

4. O currículo numa abordagem por competências:
transferência e mobilização de saberes 85

4.1 Competências, diferenciação e fracasso escolar 85

4.2 Como Perrenoud define competências 87

4.3 Implicações do currículo por competências para o
trabalho pedagógico 93

4.4 A abordagem do currículo por competências: aderir
ou resistir? 100

5. A reforma curricular e a noção de competências:
a formação administrada 108

5.1 A noção de competências no quadro da reforma
curricular do ensino médio: primeiros enunciados
e enunciadores 108

5.2 Sociedade tecnológica e inovações curriculares:
a adaptação que serve à semiformação 116

5.3 Descontextualização: o pensamento unidimensional e
a produção do currículo funcional 122

5.4 Fluidez e ambigüidades da noção de competências:
suportes para administrar a formação 129

Considerações finais 145

Referências bibliográficas 151

Introdução

> *Os conceitos que compreendem os fatos, e desse modo transcendem estes, estão perdendo sua representação lingüística autêntica.* (H. Marcuse, 1982)

A palavra *competências* tem estado no centro das propostas de reformas curriculares em distintos níveis e modalidades de ensino, nos mais diferentes países. No Brasil, constitui-se em referência para diretrizes curriculares oficiais e para avaliação de sistemas escolares. Que significados têm sido atribuídos à palavra *competências*? Que movimento essas proposições estariam gerando sobre as teorias e as práticas educacionais? Por que a noção de competências tem sido tomada como referência para a formação humana? Estas indagações certamente têm estado presentes no universo de reflexões de muitos educadores.

De acordo com Hamilton (1992), há palavras que se tornam "lugares-comuns" no discurso pedagógico e, como tal, precisam ser trazidas para a "linha de frente da análise educacional", pois, caso contrário, correm o risco de que suas origens e evolução, seu caráter histórico, enfim, fiquem ocultos e induzam a uma falsa idéia de estabilidade no campo da escolarização. No caso da reforma curricular em estudo, a noção[1] de competências tem se convertido em um des-

---

1. O uso da palavra competências tem sido precedido por diferentes termos. Assim, ora há referências ao "modelo de competências", terminologia utilizada no campo da Sociologia do

ses lugares-comuns e ao mesmo tempo um dos "pontos conceituais de referências" (Hamilton, 1992) que necessitam ser minuciosamente investigados, sob pena de não reconhecermos neles a força da mudança que comportam e são expressão.

A atual Lei de Diretrizes e Bases da Educação prescreve, em seu Título V, Capítulo II, artigo 26, que tanto os currículos do ensino fundamental quanto do ensino médio devem ter uma base comum nacional, a ser complementada por uma parte diversificada,[2] a critério do sistema ou estabelecimento de ensino.

Da determinação legal relativa à base comum proposta pela atual LDB, resultam as Diretrizes Curriculares Nacionais (DCN) para todos os níveis e modalidades de ensino, na forma de Pareceres e Resoluções do Conselho Nacional de Educação, sancionados pelo poder executivo. Essas diretrizes têm caráter prescritivo e normativo. Constituem, portanto, a base legal definidora da reforma e assumem caráter de obrigatoriedade. Neste aspecto, distinguem-se dos Parâmetros

---

Trabalho; ora aponta-se um currículo numa "abordagem" ou "enfoque" por competências, quando se evoca então a Sociologia do Currículo ou a Psicologia da Aprendizagem; em outros momentos, refere-se simplesmente ao "conceito de competências", sem que haja a preocupação de se precisar o significado. Para efeitos deste estudo, opta-se pelo uso de "noção de competências", por se entender que o qualificativo "noção" pode manifestar a idéia de imprecisões terminológicas que têm circunstanciado o uso da palavra competências.

2. A determinação quanto à composição curricular entre base comum e parte diversificada não se constitui propriamente em uma inovação. A intenção de se instituir mínimos curriculares nacionais, salvaguardando características locais, já estava presente nas instruções legais que antecedem à legislação atual. Essas determinações constavam da Lei n. 5.692/71, que, em seu artigo 4º, previa a organização dos currículos das escolas de 1º e 2º graus composta por um *núcleo comum obrigatório* e por uma *parte diversificada*, com o fim de atender às peculiaridades regionais, como também às características individuais dos alunos. A explicitação dessa composição curricular verificou-se no Parecer n. 853/71, anexo à Resolução 8/71 do Conselho Federal de Educação, sob relatoria do Conselheiro Valnir Chagas. Nesse Parecer, o Relator ressalvava que competia ao Conselho formular apenas um mínimo curricular obrigatório, a par de uma concepção de currículo que considerasse as etapas de desenvolvimento do aluno. Se, naquele contexto, as prescrições curriculares ocuparam-se de um enunciado amplo acerca da composição curricular, na presente reforma assiste-se à implementação de um conjunto de ações no sentido de consolidar essa base nacional comum e submeter os sistemas de ensino à avaliação e ao controle quanto à sua implementação.

Curriculares Nacionais (PCN), que constituem uma *proposta*, não sendo, portanto, de cumprimento obrigatório. Especialmente com relação ao ensino médio, tanto os Parâmetros quanto as Diretrizes Curriculares, bem como os sistemas de avaliação — Sistema Nacional de Avaliação da Educação Básica (SAEB) e Exame Nacional do Ensino Médio (ENEM) — operam com um referencial que toma a noção de competências como definidora da formação que se pretende.

A análise dos dispositivos normativos oficiais permite depreender, pelo discurso pedagógico que produzem, as intenções da reforma, sobretudo no que se refere às implicações em termos da formação humana. Para a análise empreendida, tomou-se como pressuposto que essas proposições são lidas e interpretadas pelas escolas de diferentes maneiras, o que consiste em um processo por meio do qual os dispositivos e as prescrições presentes nos textos normativos adquirem significados particulares muitas vezes distintos de sua versão original. As escolas conferem interpretações particulares, às proposições, e estas, ao mesmo tempo, instituem mudanças nos discursos e nas práticas educacionais, o que atribui aos dispositivos normativos um caráter sempre relativo.

Um dos procedimentos da análise da reforma curricular do ensino médio se impôs pela necessidade de identificação das prováveis origens e significados da noção de competências, uma vez que esse procedimento se mostrou elucidativo da formação pretendida. É possível visualizar nos textos oficiais algumas referências que são imediatamente constatáveis e outras que necessitam de estudos mais aprofundados para que possam ser identificadas como "fontes" que foram apropriadas na composição das prescrições curriculares. Desse modo, fez-se necessário indagar quais sentidos e significados foram atribuídos à palavra *competência*, no singular ou no plural,[3] como vem

---

3. Ramos (2001) chama a atenção para a distinção feita por Zarifian quanto ao uso do termo no singular e no plural. Para o sociólogo francês, essa distinção não é mera questão de escolha, mas uma questão conceitual: "Para ele, a competência no singular define uma postura gestionária do trabalhador, de comprometimento com os objetivos da organização produtiva e

sendo usualmente encontrada nos documentos oficiais da reforma curricular no Brasil. O objetivo deste intento foi o de indicar as prováveis fontes do uso do termo *competências* na atual reforma, em particular nas proposições relativas às mudanças curriculares para o ensino médio.

Para efeito do estudo da noção de competências demarcou-se para serem analisadas, inicialmente, as "teorias da competência", em suas explicitações no campo da Psicologia da Aprendizagem, em especial a teoria psicogenética de Jean Piaget, uma vez que se evidencia o uso da idéia de *competência cognitiva* quando se trata, principalmente, de propor formas de avaliação dos resultados do ensino médio, particularmente por meio do SAEB e do ENEM; e a Teoria da Sintaxe, de Noam Chomsky, perceptível também nos pressupostos e proposições do SAEB e do ENEM, quando propõem a avaliação a partir de uma matriz de competência estruturada com base no *desempenho*. O conceito de desempenho é enunciado por Chomsky para precisar a manifestação das *competências* individuais em situações concretas. Essa idéia está presente, também, nos enunciados que visam explicitar o entendimento que se deseja acerca da noção de competências nas proposições de ordenamento curricular.

As possibilidades de estudo apontadas foram reforçadas pela crítica que Bernstein (1996), faz em nota de rodapé, do que ele denomina "teorias da competência". Para o autor, esse grupo de teorias expressa uma concepção instrumental e mecanicista da formação hu-

---

com seus próprios objetivos (...) Quando Zarifian se refere a competência no plural remete aos conteúdos das atividades de trabalho, em que predominam os conhecimentos técnico-científicos condensados no funcionamento dos instrumentos e dos processos, os protocolos técnicos e todo o conjunto de símbolos e procedimentos que definem a atividade profissional" (Ramos, 2001). Já o sociólogo suíço Philippe Perrenoud, que tem-se ocupado mais do campo do currículo da educação em geral, não estabelece distinção entre *competência* e *competências*, pois, de qualquer modo, ela(s) é (são) o resultado de um conjunto de recursos, internos e externos aos indivíduos, e da mobilização desses recursos frente a uma situação dada. Em outras referências utilizadas no presente estudo, predomina o uso do termo no singular, como, por exemplo, na sociolingüística. Neste trabalho nos reportaremos ao termo no singular ou no plural conforme o texto/contexto requisitar. Se a distinção for relevante, precisaremos seu uso.

CURRÍCULO E COMPETÊNCIAS

mana, pois compreende *competência* como o resultado da interação entre o indivíduo e a sociedade, sem tomar, porém, a dimensão — histórica — da cultura como elemento de mediação nessa formação: "integram o biológico com o social, mas são, ambos, desconectados do cultural":

> A teoria da sintaxe, de Chomsky, a teoria do desenvolvimento e da transformação das operações cognitivas, de Piaget, a teoria de agrupações e reagrupações de Lévi-Strauss, são todas competências desencadeadas através da interação com outros não-culturalmente específicos. Isto é, a competência surge de dois fatores, um fator internamente embutido e um fator interativo. Desse ponto de vista, *a aquisição da competência se dá, analiticamente falando, no nível do social, não do cultural*, porque a aquisição depende não de qualquer arranjo cultural mas da interação social (Bernstein, 1996: 105) (grifos meus).

Bernstein inclui a *teoria de agrupações e reagrupações culturais*, presente na Antropologia Estruturalista de Claude Lévi-Strauss, como uma das teorias da competência, dado que ela toma a ação do indivíduo sobre o meio social como condição prévia de inserção na sociedade. Com vistas a explicar este processo, Lévi-Strauss utiliza o conceito de *bricolage*.

A *bricolage* é entendida como um mecanismo que o homem põe em funcionamento com vistas a adaptar-se ao meio, ao construí-lo e reconstruí-lo. O movimento engendrado pelo adquirente da competência de ser um *bricoleur* não é tomado, no entanto, como uma relação marcada por uma mediação propriamente *cultural*, que diferencia os indivíduos na sua condição de produto e produtores de cultura, como um outro culturalmente específico, mas é definida muito mais pelo sentido de integração entre o social e o biológico. A competência se desenvolve por meio da participação ativa do indivíduo. Reside, sobretudo nele, a capacidade de se tornar um *bricoleur*, ao agir e reagir à sociedade em que vive. No sentido apresentado por Lévi-Strauss, o conceito de *bricolage* aproxima-se das elaborações teóricas da Psicologia Genética de Piaget e da Sociolingüística de Chomsky, ao centrar no papel criativo do indivíduo as condições de sua interação com o meio. As críticas de Bernstein à teoria das agrupações e reagrupações culturais são pertinentes quando imputa a esta o limite de não considerar que a relação entre indivíduo e sociedade é sempre uma relação mediada pela cultura e por ignorar que nesse processo estão postas relações de poder que deixam suas marcas.[4]

A discussão em torno da noção de competência e suas implicações para o campo da educação e da pedagogia estaria incompleta se não nos reportássemos às suas explicitações de raiz condutista-funcionalista, tomada neste trabalho como mais uma das "teorias da competência". Essa vertente foi fortemente explorada nos anos 70 nos Estados Unidos, e atingiu a escola brasileira consolidando o que se convencionou chamar "tecnicismo", em virtude da extrema preocupação com a racionalização e o controle dos processos pedagógicos. Base da "Pedagogia por Objetivos", serviu de fundamento por mais de duas décadas. Por essa razão, seus pressupostos e proposições também estarão sendo considerados e tomados como referência na investigação das fontes do emprego da noção de competência contemporaneamente.

Uma primeira hipótese decorrente do quadro conceitual da noção de competências foi definida com base na idéia de que ela é portadora de uma concepção instrumental da formação humana e esta se faz presente nos dispositivos normativos da reforma curricular. Essa hipótese é explorada tomando por referência o pressuposto de Bernstein, segundo o qual as teorias da competência levam a uma compreensão de que a formação humana dá-se pelo simples contato entre o indivíduo e o meio, independentemente das práticas culturais que diferenciam indivíduos e grupos e independentemente também, dos significados que derivam dessas práticas. Na crítica de Bernstein (1996: 105):

---

4. No presente estudo a perspectiva da *competência cultural*, posta por Lévi-Strauss, não é tomada para uma discussão mais minuciosa por não se verificar sua presença, de forma direta, nos documentos da reforma curricular.

Num certo sentido, as teorias da competência anunciam uma democracia fundamental: todos são iguais em sua aquisição, todos participam ativamente em sua aquisição, a criatividade é intrínseca ao ato de se tornar social. As diferenças entre indivíduos, são, portanto, um produto da cultura. Desse ponto de vista, as teorias da competência podem ser consideradas como críticas que mostram a disparidade entre aquilo que somos e aquilo que nos tornamos, entre aquilo de que somos capazes e nosso desempenho. Entretanto, esse idealismo tem um preço: o preço de deixar de lado a relação entre poder, cultura e competência, entre os significados e as estruturas que os significados tornam possíveis. A democracia das teorias da competência é uma democracia separada da sociedade.

Essa compreensão da formação humana desconsidera também a história, isto é, desconsidera que a interação entre o indivíduo e a sociedade é sempre uma interação histórico-cultural. A história da escola e do currículo tem evidenciado o quanto sua organização tem-se pautado por mecanismos de controle que visam à adaptação que igualmente têm como resultado uma formação de caráter instrumental. Neste sentido, o uso da noção de competências com os significados que se lhes atribui as "teorias da competência" não poderia estar favorecendo a introdução de novas práticas de controle sobre a escola e sobre a formação humana?

Uma segunda preocupação a respeito dos significados da noção de competências e suas implicações para a educação escolar localizou-se no pressuposto de que há, contemporaneamente, uma apropriação das teorias da competência por vertentes da Sociologia do Trabalho e do Currículo.

Um outro campo de investigação acerca da noção de competências residiu, assim, nas tendências atuais em torno da educação profissional, circunscritas no âmbito da Economia e da Sociologia do Trabalho. Esta é a origem de fato aparente e manifesta em muitos dos enunciados da reforma curricular.

As discussões sobre a formação para o trabalho, muitas delas recorrendo às mudanças na economia mundial, em especial às transformações tecnológicas e organizacionais no processo de produção, têm estado presentes nas prescrições que visam à mudança no "paradigma curricular": de um currículo organizado com base em saberes disciplinares para um currículo pautado na definição de competências a serem desenvolvidas nos alunos.

Essa linha de proposições tem-se respaldado nos debates em torno da relação trabalho, educação e qualificação profissional, nos quais se nota uma tendência: a de centrar-se o currículo da formação profissional no "modelo de competência" proposto com o fim de atender às exigências que as transformações sofridas pelo capitalismo nas últimas décadas estariam impondo aos trabalhadores. O propósito dessa análise, no presente trabalho, é o de contextualizar a origem do modelo de competência no campo da formação profissional e o modo como acabou se generalizando para o currículo da educação geral. Foram ressaltados, ainda, os aspectos dessa apropriação passíveis de crítica.

A segunda hipótese explorada decorreu da observação de que a noção de competências, no interior das prescrições normativas para o currículo do ensino médio, tem sido justificada, predominantemente, pela necessidade de adaptar a escola às mudanças ocorridas no *mundo de trabalho,* mas que, no interior dos textos normativos, adquirem muito mais o caráter de adaptação da formação a supostas e generalizáveis demandas do *mercado de trabalho.* Esse movimento faz com que a lógica que rege as relações de mercado adentre as proposições normativas para o currículo e gere uma proposta de formação guiada por essa mesma lógica.

É preciso considerar que a explicitação das referidas mudanças no mundo do trabalho, nos textos oficiais, restringe-se às inovações tecnológicas e organizacionais, como se estas se situassem em um solo neutro, não sendo marcadas pela lógica que o capitalismo imprime às transformações. Ignora-se o trabalho como uma prática humana que assume, nessa formação econômica, a condição de trabalho alienado, de mercadoria. Nesse sentido, a adaptação da escola far-se-ia muito mais com o fim de atender aos imperativos postos por alg07s setores da economia, inclusive no que se refere à interiorização do controle por parte dos trabalhadores, do que propriamente às transformações amplas por que passa a sociedade.

Para essa análise, parte-se da consideração de que a economia brasileira vem-se inserindo de modo muito particular no contexto de mundialização do capital e que o processo de reestruturação produtiva — utilizado como justificativa para a readequação da formação profissional — é concentrado em apenas alguns setores e regiões. Não se generaliza, portanto. No entanto, na constituição dos dispositivos normativos da reforma curricular, recorre-se, reiteradamente, a justificativas que tomam como "dada" e, portanto, inquestionável, a necessidade de mudanças em virtude das transformações tecnológicas e organizacionais ocorridas na esfera da produção.

Desse movimento é possível depreender o caráter marcadamente ideológico que adquire a adoção da noção de competências para o currículo da educação em geral. Se até mesmo para o campo da formação para o trabalho o "modelo de competências" tem sido alvo de inúmeras críticas, as implicações de sua generalização para as demais modalidades de ensino precisam ser, insistentemente, problematizadas.

Demarcou-se, também, para análise da noção de competência, a Sociologia do Currículo, especialmente os escritos do suíço Philippe Perrenoud, que, no âmbito da teorização curricular constitui-se em disseminador da proposta de uma abordagem centrada nessa noção; segundo ele, o currículo numa abordagem por competências seria capaz de dotar de significado os saberes escolares, ao relacioná-los dinamicamente à vida e aos contextos próximos dos alunos. A produção no campo da Sociologia do Currículo mereceu ser investigada, também, por ser a via que mais tem adentrado os espaços escolares por meio das leituras feitas pelos educadores, ainda que sua explicitação no interior dos documentos oficiais tenha-se mostrado incipiente. Os escritos de Perrenoud evidenciam como uma de suas fontes, na composição de um discurso curricular alicerçado na noção de competências, a teoria psicogenética de Jean Piaget, dentre outras.

As proposições da reforma curricular com base na noção de competências, seja ao se reportarem à adequação da escola às mudanças de caráter prioritariamente econômico, seja ao se apoiarem em concepções que secundarizam a dimensão histórico-cultural da formação humana, comportam uma racionalidade de tipo instrumental que tem sedimentando práticas educativas que priorizam processos de adaptação do homem à sociedade.

Tomando por referência os escritos da Teoria Crítica da Sociedade, conforme Horkheimer, Adorno e Marcuse, a educação no capitalismo, ao tomar como fundamento predominante o trabalho na sua forma mercadoria, circunscreve processos de uma *semiformação* que impõe limites à reflexão e à crítica, à autodeterminação. A cultura[5] converte-se em instrumento de adaptação, que tem como conseqüência a dominação:

> (...) a adaptação é, de modo imediato, o esquema da dominação progressiva. O sujeito só se torna capaz de submeter o existente por algo que se acomode à natureza, que demonstre uma autolimitação diante do existente. Essa acomodação persiste sobre as pulsões humanas como um processo social, o que inclui o processo vital da sociedade como um todo (Adorno, 1996: 391).

---

5. Segundo Adorno, o que permite a diferenciação individual é a cultura, objeto da experiência formativa. A cultura, como dimensão objetiva da formação, é tomada pelo autor em um certo sentido, qual seja, o da cultura enquanto práxis, em oposição ao sentido de "cultura do espírito". Nesse sentido, a cultura não se define de modo autônomo em relação aos processos econômicos e políticos da sociedade guardam entre si uma estreita relação que confere significado e historicidade à formação social à qual dizem respeito. De modo semelhante, para Marcuse, a cultura é entendida como um processo de formação, "(...) caracterizado pelo esforço coletivo para conservar a vida humana, para pacificar a luta pela existência ou mantê-la dentro de limites controláveis, para consolidar uma organização produtiva da sociedade, para desenvolver as capacidades intelectuais dos homens e para diminuir e sublimar a agressão, a violência e a miséria" (Marcuse, 1998: 154).

Para que a análise das teorias da competência, bem como de suas inserções nos dispositivos normativos da reforma curricular, procedesse de forma a possibilitar uma discussão sustentada em argumentos que permitissem uma visão ampla e ao mesmo tempo crítica da reforma, servimo-nos, principalmente, das contribuições de T. W. Adorno, M. Horkheimer e H. Marcuse no que diz respeito à análise das relações entre sociedade, educação e formação humana no capitalismo tardio. A opção por se tomar como referência os escritos da Teoria Crítica da Sociedade dá-se por se compreender que a produção teórica desses intelectuais oferece valiosa contribuição para a análise da educação e da escola na sociedade contemporânea. Procura-se valer de seus escritos para uma reflexão acerca da educação numa sociedade plenamente industrial, pois se considera que a Teoria Crítica da Sociedade é, também, uma teoria da formação humana e fornece sólida base para uma teorização crítica sobre a escolarização.

No estudo das teorias da competência, bem como na investigação dos textos da reforma curricular, buscou-se, com base nos escritos frankfurtianos, discutir o modo como se explicita uma compreensão da formação que se volta prioritariamente para a adaptação e que, para esse fim, toma a razão e a linguagem de forma instrumental e gera uma perspectiva reducionista para a escolarização. Essa perspectiva se verifica, por exemplo, na maneira como é tomada a proposição da experiência formativa.

O estudo dos textos oficiais mostrou que os dispositivos normativos foram sendo compostos à medida que se foi implementando um conjunto de prescrições, por vezes desencontradas. O resultado desse movimento, complexo e contraditório, foi a produção de um conjunto de prescrições fragmentadas que em muito tem dificultado a compreensão dos próprios dispositivos normativos. A fragmentação presente no discurso oficial não quer dizer, no entanto, que se trate de um discurso desarticulado. Como se há de observar, o conjunto das prescrições expressa intenções semelhantes quando se trata, por exemplo, de adaptar o currículo às disseminadas mudanças tecnológicas e organizacionais relativas à produção e ao trabalho; as proposições estão articuladas, ainda, ao discurso internacional, explicitado, sobretudo, em documentos e ações de organismos multilaterais, como o Banco Internacional de Reconstrução e Desenvolvimento (BIRD), o Banco Interamericano de Desenvolvimento (BID), a Oficina para a Educação e Cultura da Organização das Nações Unidas (UNESCO) e a Comissão Econômica para América Latina e Caribe (CEPAL).

Em face do exposto, este trabalho está organizado em cinco capítulos. No primeiro, faz-se uma discussão introdutória sobre currículo, formação humana e reformas escolares. No segundo capítulo procede-se ao estudo das "Teorias da Competência", nas perspectivas piagetiana, chomskiana e condutista. Nos terceiro e quarto capítulos são analisadas as apropriações recentes das "Teorias da Competência" pela Sociologia do Trabalho (Capítulo 3) e pela Sociologia do Currículo (Capítulo 4). No Capítulo 5 são tecidas considerações iniciais sobre a reforma educacional dos anos 90, com o fim de contextualizá-la e identificar seus primeiros enunciados e enunciadores; submete-se, então, à discussão os documentos prescritivos da reforma curricular: os Parâmetros Curriculares Nacionais para o Ensino Médio; as Diretrizes Curriculares Nacionais para o Ensino Médio (Parecer CNE/CEB n. 15/98); e o Exame Nacional do Ensino Médio (ENEM), principalmente.

A análise dos textos normativos orientou-se por três eixos investigativos: o das relações entre as propostas curriculares e o discurso da necessidade de adequação da escola às mudanças ocorridas no âmbito da produção econômica e do trabalho; o da composição de um referencial curricular que toma a sociedade, a escola e o currículo de forma descontextualizada; e o da fluidez e ambigüidades com que é tratada a noção de competências no interior das proposições oficiais, que viabiliza a regulação da formação e sua subordinação à lógica posta pelas mudanças na economia. A título de conclusão, nas Considerações Finais procede-se a uma discussão que inclui, dentre outros aspectos, o alcance relativo das reformas.

1

Currículo e formação humana: racionalidade e adaptação

> *Nos casos em que a cultura foi entendida como conformar-se à vida real, ela destacou unilateralmente o momento da adaptação, e impediu, assim, que os homens se educassem uns aos outros* (T. W. Adorno, 1996).

1.1. A escola e o currículo: a formação administrada

A educação é o processo por meio do qual os indivíduos assemelham-se e diferenciam-se. Por meio dela tornam-se *iguais*, mas tornam-se também *diferentes* uns dos outros. A educação é o movimento que permite a homens e mulheres apropriarem-se da cultura, estabelecendo com ela uma identidade, uma proximidade, que os leva a tornarem-se iguais; mas, esse movimento, ao ser produzido, é mediado por condições subjetivas, o que faz com que os indivíduos tornem-se iguais e diferentes ao mesmo tempo. Tal movimento atribui à educação uma dimensão de realização social, e outra, de realização individual.

A formação humana tem-se constituído em processos de socialização que têm privilegiado a adaptação, especialmente nos meios mais elaborados, intencionais e planejados, como é o caso da escola. Na escola, prevalece certo tipo de organização do trabalho que, ao tomar a razão em um sentido instrumental, institui uma dimensão conservadora e conformadora. A racionalidade instrumental firma-se como requisito nos meios (processos) e nos fins (resultados) a que se destina a educação escolar.

Nos modos de organização do trabalho escolar predominam práticas que demarcam objetivos, metas e finalidades predeterminados, imbuídos de uma lógica prescritiva com vistas a adequar a educação a requisitos postos pela sociedade. Um dos critérios que tem prevalecido para esse fim é o da adaptação às demandas que submetem a formação à lógica posta pelas relações de troca, e impetram a *coisificação* de suas finalidades e práticas.

O caráter prescritivo que define *a priori* os objetivos e o sentido da formação limita, no indivíduo, a possibilidade de autodeterminação, o que faz com que a autonomia e a liberdade, condições imprescindíveis para que a formação ocorra, estejam presentes apenas de forma parcial e sujeitas ao controle.

Na sociedade altamente industrializada, como a do capitalismo tardio,[1] a formação humana tem sido remetida predominantemente à

---

1. Adorno se utiliza da expressão "capitalismo tardio" com o fim de alertar para uma realidade que se transformou desde as formulações clássicas de Marx sobre o capitalismo. As mudanças ocorridas nessa sociedade ao longo do século XX o levam a concluir: "Mesmo que se tivesse verificado de modo imanente ao sistema — a lei não inequívoca em Marx — da taxa decrescente de lucro, teria de ser concedido que o capitalismo descobriu em si mesmo recursos que permitem empurrar para as calendas gregas a bancarrota total — recursos entre os quais, inquestionavelmente, estão, em primeiro lugar, a imensa elevação do potencial técnico e, com isso, também a quantidade de bens de consumo que beneficiam todos os membros dos países altamente industrializados. Ao mesmo tempo, em vista de tal desenvolvimento, as relações de produção se revelaram mais elásticas do que Marx imaginara" (Adorno, 1986: 63). O autor ainda ressalta que vivemos sob uma sociedade que se tornou *plenamente uma sociedade industrial*, na qual o intervencionismo estatal e o planejamento em grande escala não livraram a humanidade da anarquia da produção, mas a submeteu ainda mais. Marcuse, por sua vez, vale-se da expressão "sociedade industrial" para designar uma sociedade marcada pelo caráter totalitário da produção e na qual a tecnologia converte-se em um sistema de dominação: "Nessa sociedade o aparato produtivo tende a tornar-se totalitário no quanto determina não apenas as oscilações, habilidades e atitudes socialmente necessárias, mas também as aspirações indivi-

formação para o trabalho, e este, na sua forma mercadoria, circunscreve processos que conduzem a uma *semiformação* cultural, uma vez que impõe limites à condução do homem para a auto-reflexão crítica, capaz de fazê-lo tomar consciência até mesmo dessa semiformação (Adorno, 1996).

A racionalidade tecnológica, imputada ao trabalho produtivo e generalizada às demais formas de trabalho, como o pedagógico, conduz a um tipo de formação na qual o indivíduo se vê diante da necessidade de se integrar a uma sociedade que lhe impõe uma série de necessidades e, para satisfazê-las, é preciso adaptar-se a ela. Esse processo, que gera o aprisionamento da consciência e da existência, é o elemento fundante do trabalho alienado. Como analisa Maar:

> A perda da experiência possível se relaciona ao que é interposto entre o sujeito e o que lhe é externo: a técnica,[2] pela qual se perde, no processo de trabalho da industrialização avançada, a capacidade de experimentar o objeto como algo que não é mero objeto de dominação e alienação. Existiria uma identificação entre alienação e objetivação no processo de trabalho capitalista industrial, pela qual se produziria o fenômeno da reificação, travando a constituição da experiência formativa (Maar, 1995a: 65).

Quando critérios como os da racionalidade que visa à eficiência e ao lucro comandam esse processo, e seu fundamento primeiro passa a ser o trabalho na sua forma mercadoria, temos como resultado a lógica da produção capitalista adentrando tempos, espaços e conteú-

---

duais. Oblitera assim a oposição entre existência privada e pública, entre necessidades individuais e sociais. A tecnologia serve para instituir formas novas, mais eficazes e mais agradáveis de controle e coesão social" (Marcuse, 1982: 18).

2. Conforme observação do autor, cabe esclarecer que o termo *tecnologia* corresponde melhor ao sentido atribuído à palavra *técnica*, pois concorda com Marcuse quando este assevera que a tecnologia implica apropriação da técnica na forma capitalista de exploração do trabalho. Nas palavras de Marcuse: "A tecnologia não pode, como tal, ser isolada do uso que lhe é dado; a sociedade tecnológica é um sistema de dominação, que já opera no conceito e na elaboração das técnicas" (Marcuse, 1982: 19).

dos da formação humana. Restringe-se a possibilidade de levar o indivíduo à experiência capaz de conhecer e interagir com o mundo de maneira autônoma e reflexiva. O resultado da adequação da formação às regras do mercado manifesta-se na forma de *integração*, por meio da qual se cria uma identificação com as formas de exercício do poder que se estabelecem na sociedade.

O currículo é um dos elementos da cultura escolar que mais tem incorporado a racionalidade dominante na sociedade do capitalismo tardio, pois tem-se mostrado impregnado da lógica posta pela competição e pela adaptação da formação às razões do mercado.

O currículo pode ser definido como "a porção da cultura — em termos de conteúdos e práticas (de ensino, avaliação etc.) — que, por ser considerada relevante num dado momento histórico, é trazida para a escola" (Veiga-Neto, 1995). Trata-se, assim, daquela porção da cultura que se tornou *escolarizada* (Williams, apud Veiga-Neto, 1995). Há, portanto, estreita relação entre um currículo e a cultura da qual ele é referência,

> (...) de modo que ao analisarmos um determinado currículo, poderemos inferir não só os conteúdos que, explícita ou implicitamente, são vistos como importantes naquela cultura, como, também, de que maneira aquela cultura prioriza alguns conteúdos em detrimentos de outros, isso é, podemos inferir quais foram os critérios de escolha que guiaram os professores, administradores, curriculistas etc. que montaram aquele currículo. Esse é o motivo pelo qual o currículo se situa no cruzamento entre a escola e a cultura (Veiga-Neto, 1995).

Os estudos sobre o currículo remontam ao início do século XX. Silva (2000) localiza seu surgimento no ano de 1918 com a publicação do livro *The curriculum*, de Bobbit. A sociedade americana da época encontrava-se em pleno movimento que impulsionava a mudanças de ordem econômica, política e cultural. Tais transformações explicam o interesse em adaptar a escolarização ao contexto da educação de massas.

As propostas de Bobbit assemelham-se em muito aos princípios adotados pela organização do trabalho fabril inspirados em Frederick W. Taylor. Para aquele teórico, a escola deveria organizar-se tal qual a indústria. Deveria especificar rigorosamente os resultados que buscava alcançar, bem como precisar os métodos e os mecanismos de mensuração com vistas a saber se os resultados propostos estariam sendo atingidos. De modo sintético, as proposições de Bobbit levam o sistema educacional a estabelecer seus objetivos com base nas demandas de formação previstas pelo mercado de trabalho. Seus principais interlocutores são a economia e a racionalidade impressa pela lógica mercantil, respaldado, ainda, pela Psicologia Experimental, de Thordinke.

Ainda que a origem das teorias do currículo situe-o no quadro dessa tal racionalidade, como observa Tomaz Tadeu da Silva (2000), nem por isso se pode ignorar que outras produções, de caráter menos economicista, estivessem tomando o currículo como foco de análise e proposições. É o que ocorre, por exemplo, com a obra de John Dewey, de 1902, intitulada *The child and the curriculum*. Dewey volta sua atenção para uma escola que se ocupasse em formar para a democracia, mais do que para a economia. Nesse sentido, propõe considerar também os interesses e as experiências vividas pelos alunos e assevera que o planejamento curricular deveria assegurar a vivência de princípios democráticos. Os escritos de Dewey não se tornariam, porém, a principal referência na formulação do currículo como um campo especializado. É a perspectiva posta por Bobbit que prevalecerá nesse intento.

Em Bobbit, o currículo assume uma dimensão organizacional e burocrática, atrelada à busca de eficiência social. Segundo Lopes (s./d.), "na história do currículo, as teorias da eficiência social têm seu desenvolvimento inicial associado aos trabalhos de Franklin Bobbitt e Werret Charters, e seu ápice associado ao trabalho de Ralph Tyler". A idéia de eficienticismo em Bobbit "visava alcançar a eficiência burocrática na administração escolar a partir do planejamento do currículo e o fazia transferindo as técnicas do mundo dos negócios, marcado pela lógica de Taylor, para o mundo da escola".

Essa dimensão eficienticista tornar-se-á ainda mais acabada com as postulações de Ralph Tyler, em 1949, também nos Estados Unidos, que recuperou muitos dos princípios de Bobbitt, dentre eles a ênfase na proposição dos objetivos. A organização e o desenvolvimento curricular, noções centrais no modelo de Tyler, deveriam orientar-se por quatro questões básicas: 1. Que objetivos educacionais deve a escola procurar atingir? 2. Que *experiências* educacionais podem ser oferecidas que tenham probabilidade de alcançar esses propósitos? 3. Como organizar eficientemente essas experiências educacionais? 4. Como podemos ter a certeza de que esses objetivos estão sendo alcançados? (Silva, 2000: 22).

A preocupação com os objetivos de ensino prevalece sobre as demais e se constitui em um dos fundamentos da *Pedagogia por Objetivos* dominante nos Estados Unidos nos anos 60 e seguintes, difundida igualmente no Brasil. A institucionalização da Pedagogia por Objetivos ocorre ao mesmo tempo em que vai-se estruturando a crítica a seus pressupostos e métodos.

Nos modelos de Bobbit e Tyler prevalece o desejo de uma adaptação da ordem escolar à ordem social vigente. O currículo ocupa-se tão-somente de prescrever a melhor forma de organização do conhecimento na escola que atenda a esse desígnio. Tratar-se-ia, portanto, de um problema técnico. As perspectivas críticas sobre o currículo mostram, no entanto, que a organização curricular está além dessa dimensão técnica e instrumental. Os dispositivos curriculares — isto é, o modo como o conhecimento se situa no interior do processo educativo, é selecionado e transposto didaticamente de modo a constituir-se em objeto da formação — abarcam dimensões culturais amplas como as relações econômicas, as relações de poder, as relações de gênero e etnia etc.

O conhecimento, e o modo como este se converte em saber escolar, é um dos focos privilegiados nas análises sobre o currículo. Sustentando-se na crítica marxista à sociedade capitalista, em especial nos estudos de Raymond Willians e Antonio Gramsci, Michael Apple (1982) observa a íntima relação entre economia e cultura e entre economia e currículo, e mostra que há uma conexão evidente entre o modo como se organiza a produção e o modo como se organiza o currículo. Ressalta, no entanto, que os vínculos entre economia e educação não se consolidam de forma determinista, mas são mediados pela ação humana no processo de formação, ou seja, estes vínculos vão sendo produzidos, construídos, criados na atividade cotidiana das escolas (Apple, 1982: 11).

Uma idéia central na análise de Apple é a de *currículo oculto*, utilizada para "entender as formas complexas em que as tensões e contradições sociais, econômicas e políticas são 'mediadas' nas práticas concretas dos educadores" (Apple, 1982: 11). Essa constatação fez com que chegasse à compreensão de que o currículo não se reduz à definição das intenções da formação que se explicita em certo modo de planejar as ações educativas.

O currículo comporta, assim, pelo menos três dimensões: uma dimensão *prescritiva*, na qual se formalizam as intenções e os conteúdos da formação; uma dimensão *real*, na qual o currículo prescrito ganha materialidade por meio das práticas colocadas em curso nos momentos da formação; e, ainda, a dimensão do currículo *oculto*, que emerge das relações entre educandos e educadores nos momentos formais e informais dos inúmeros encontros nos quais trocam idéias, valores etc. e que também se convertem em conteúdos da formação, mesmo que não se houvesse explicitado sua intencionalidade. Essas formulações partem do pressuposto de que "a estruturação do conhecimento e do símbolo em nossas instituições educacionais está intimamente relacionada aos princípios de controle social e cultural" (Apple, 1982: 10).

Mas o currículo é, também, um campo de resistência. Paul Willis (1991), em *Aprendendo a ser trabalhador*, observa que o fato de que jovens de classe operária dirijam-se para ocupações dessa mesma classe não se deve a razões determinadas de modo imediato pela sua condição econômica, mas que esta é uma destinação criada culturalmente. Assinala, ainda, que, se é uma criação cultural, ela pode voltar-se para uma formação assentada na resistência e não apenas na subordinação. Essa perspectiva será amplamente trabalhada por Henry Giroux.

O currículo como campo de resistência é explorado por Giroux desde suas primeiras produções, como *Ideology, culture, and the process of schooling*, de 1981 e *Theory and resistance in education*, de 1983. A estruturação de sua perspectiva analítica recorre aos escritos da Escola de Frankfurt, em especial a Adorno, Horkheimer e Marcuse. Segundo Giroux, as perspectivas dominantes do currículo pautam-se em uma racionalidade técnica, instrumental, que imputa ao currículo uma dimensão utilitarista tendo em vista atender a critérios de eficiência fundada em uma racionalidade burocrática que ignora a dimensão histórica, ética e política do currículo e do conhecimento (Silva, 2000: 51-52). A preocupação em compor uma teoria da resistência deve-se também às limitações percebidas nas *teorias da reprodução*[3] divulgadas à época (Silva, 2000: 53).

Assumir que o currículo comporta ao mesmo tempo objetivos que visam não só à conformação, mas também à resistência, isto é, assumir a possibilidade da resistência, direciona a análise curricular para o sentido que confere Adorno à formação, no escrito: A educação contra a barbárie: "a única concretização efetiva da emancipação consiste em que aquelas poucas pessoas interessadas nesta direção orientem toda a sua energia para que a educação seja uma educação para a contradição e para a resistência" (Adorno, 1995: 183). Adorno

---

3. Silva (2000) assinala que quando tem início a produção de Giroux e Apple, bem como de outros seus contemporâneos, está se divulgando os estudos de Althusser, Bourdieu e Passeron, Bowles e Gintis, dentre outros, vistos por esses autores como portadores de "rigidez estrutural e conseqüências pessimistas". Por essa razão, os trabalhos iniciais de Giroux ocupam-se de uma cuidadosa crítica a essas abordagens e buscam propor alternativas no sentido de evidenciar que na escola se constroem mediações que podem exercer uma ação contrária à lógica de poder e de controle instituídas.

as017asevera ainda que a escola "teria neste momento de conformismo onipresente muito mais a tarefa de fortalecer a resistência do que fortalecer a adaptação" (Adorno, 1995: 144).

Recorrer aos frankfurtianos possibilitou a Giroux produzir uma crítica à epistemologia implicada na razão instrumental, e que tem favorecido práticas escolares que conduzem à dominação e à alienação. Segundo ele, tal epistemologia, bem como a crítica a ela, é apreendida quando se recorre à teoria da cultura presente na perspectiva posta por Adorno, Horkheimer e Marcuse:

> A teoria da cultura da Escola de Frankfurt oferece novos conceitos e categorias para a análise do papel que a escola representa como agente da reprodução social e cultural. Esclarecendo a relação entre poder e cultura, aqueles teóricos ofereceram uma visão da maneira pela qual as ideologias dominantes são constituídas e mediadas por formações culturais específicas. O conceito de cultura nesta visão existe em uma relação particular com a base material da sociedade e o valor explanatório de tal relação será encontrado ao problematizar-se o conteúdo específico de uma cultura, sua relação com os grupos dominantes e dominados, bem como a gênese histórico-social do "ethos" e das práticas culturais legitimadoras e de seu papel na constituição de relações de dominação e resistência (Giroux, 1983: 28).

Torna-se fundamental, assim, discutir o modo como as relações de poder e dominação vão sendo institucionalizadas. A análise do modo como se institui uma *política curricular* permite evidenciar que o currículo se compõe pela construção de significados e de valores culturais, e que estes estão relacionados à dinâmica de produção do poder. Há, portanto, uma disputa pelos significados que são, ao mesmo tempo, impostos e contestados (Silva, 2000).

É ilustrativo lembrar, por exemplo, o quanto a educação tem-se organizado com base em valores próprios da sociedade que tem nas relações de mercado sua sustentação, como é o caso da valorização da competição, presente muitas vezes de forma explícita tanto nas intenções quanto nas práticas efetivadas nas escolas. Competição e formação humana guardam entre si uma contradição fundamental, como lembra Adorno:

> Partilho inteiramente do ponto de vista segundo o qual a competição é um princípio no fundo contrário a uma educação humana. De resto, acredito também que um ensino que se realiza em formas humanas de maneira alguma ultima o fortalecimento do instinto de competição. Quando muito é possível educar desta maneira esportistas, mas não pessoas desbarbarizadas. (ADORNO, 1995c: 161).

Compreender o currículo como portador, ao mesmo tempo, de uma razão que tem privilegiado a adaptação, mas que, contraditoriamente, anuncia a possibilidade de emancipação, permite tomar a escola como depositária das contradições que permeiam a sociedade. Possibilita localizar, nela, as *relações* entre indivíduo e sociedade como *relações* historicamente construídas e conceber, ainda, que as escolas não são simplesmente alvos das proposições externas, presentes, por exemplo, nas reformas educacionais. Desse modo, na análise das políticas educacionais em geral, e das políticas curriculares, em particular, é preciso considerar que a escola não está, tão-somente, à mercê dos interesses da economia ou do Estado, o que exige que as inter-relações entre essas diferentes instâncias (Estado, economia, escola) sejam consideradas a partir das inúmeras mediações que se interpõem entre elas.

1.2. Currículo e reformas educacionais

O principal modo pelo qual ocorre a intervenção do Estado sobre a educação é por meio de ações que visam à produção de mudanças no sistema educacional. De tempos em tempos anuncia-se a intenção e, na seqüência, implementa-se um conjunto de ações com vistas a alterar a estrutura e o funcionamento das escolas. Tem sido convencional denominar esses procedimentos de reformas educacionais.

O estudo das reformas educacionais é relevante, pois permite elucidar a que vêm, quais as intenções manifestas e não manifestas, seus limites, possibilidades e contradições. Permite dimensionar, inclusive, seu alcance quanto aos prováveis impactos que causará sobre a cultura escolar. O nível de detalhamento da reforma permite, também, avaliar em que medida ela é plausível de execução ou em que medida é mera retórica. Assim se pronuncia Sacristán a esse respeito:

> Embora anunciadas sob rótulos que enunciam propósitos louváveis e muito variados de transformação, não podemos esquecer que na linguagem política as reformas têm outra função: servem para se fazer crer que existe uma estratégia política para melhorar a oferta educacional. Daí a tendência a qualificar qualquer ação normal sobre o sistema educacional como um programa de "reforma". Reformar evoca movimento, e isso encontra ressonância na opinião pública e nos professores, sendo duvidoso, entretanto, que se traduza realmente numa política de medidas discretas mas de constante aplicação, tendentes a melhorar a oferta da educação. Cria-se a sensação de movimento, geram-se expectativas e isso parece provocar por si mesmo a mudança, embora em poucas ocasiões, ao menos em nosso contexto, se analise e se preste conta, depois, do que realmente ocorreu (Sacristán, 1996a: 52).

Sobre o significado e o alcance das reformas educacionais, Thomas Popkewitz (1997) considera que seu resultado só pode ser limitado, não alterando significativamente o todo, pois, de modo geral, possuem um caráter fragmentário na medida em que não tomam como referência a análise global do sistema educacional, bem como a necessidade de respaldar-se, concretamente, no fazer cotidiano das escolas.

Na análise da reforma curricular é preciso considerar, ainda, que ela é resultado das relações entre uma determinada concepção de currículo e um projeto de formação mediados pelas relações de poder que se estabelecem no processo de constituição das proposições, bem como na forma com que passam a ser incorporadas pelas escolas.

As proposições de mudança curricular por meio de uma reforma educacional têm, sobre a escola, alcance limitado. No entanto, produzem alterações no discurso pedagógico, imprimindo novos códigos e símbolos, capazes de atuar de modo a conferir legitimidade às mudanças propostas.

> Se é certo que os estudos curriculares, nas últimas décadas, nos têm levado a compreender o currículo como uma práxis cultural que se plasma em práticas educacionais, também se está recuperando cada vez mais, talvez como reação, o valor das análises dos currículos públicos, porque eles são divulgadores muito transcendentes de códigos de comportamento cultural e pedagógico, porque funcionam como veículos de ideologia pedagógica, através de um discurso que se propaga por canais muito diversos e potentes. As propostas de currículo em forma de texto, a codificação escrita da cultura que queremos recriar, não se instalam na realidade em forma de práticas culturais à margem de pessoas, materiais e contextos, como vimos repetindo, mas são propostas de política cultural com uma grande carga simbólica nos sistemas educacionais, afetando pais, estudantes, professores, a burocracia administrativa e os fabricantes de informação escrita ou de qualquer outro tipo (Sacristán, 1996b: 44).

Há, portanto, um distanciamento entre a produção do discurso oficial e sua incorporação pelas instituições. Opera-se um duplo movimento: o processo de produção do discurso oficial e sua implementação pelas escolas são movimentos complementares, porém distintos, o que implica que se considere, na análise da reforma, que na passagem do *discurso instrucional* ao *discurso regulativo* (Bernstein, 1996), as escolas atribuem significados próprios aos dispositivos normativos oficiais, muitas vezes distintos dos que foram formulados.

Bernstein (1996) considera o processo de transferência do texto curricular de um contexto para outro como um movimento de *recontextualização*, por meio do qual se opera uma seleção e um processo de deslocamento dos significados conceituais em direção ao que é praticado. Considerar que as escolas reinterpretam, reelaboram e redimensionam o discurso oficial não significa, porém, menosprezar a importância desse discurso. Ele tem-se mostrado capaz de compor sua própria legitimidade, tanto ao afirmar o caráter de inovação, quanto ao realizar a apropriação de um ideário pedagógico já legitimado (Lopes, 2002). Sua importância reside, também, na força que exerce na produção de um novo discurso regulativo:

> O discurso pedagógico oficial formado pelos documentos oficiais é capaz de regular a produção, distribuição, reprodução, inter-relação e mudança dos textos pedagógicos legítimos, suas relações sociais de transmissão e aquisição e a organização de seus contextos, redefinindo as finalidades educacionais da escolarização (Lopes, 2002).

O currículo está no centro da atual reforma educacional. A que se deve essa centralidade? A esse respeito, Silva observa que no currículo:

> (...) se entrecruzam práticas de significação, de identidade social e de poder. (Nele) se travam lutas decisivas por hegemonia, por predomínio, por definição e pelo domínio do processo de significação. Como política curricular, como macrodiscurso, o currículo tanto expressa as visões e os significados do projeto dominante quanto ajuda a reforçá-las, a dar-lhes legitimidade e autoridade. Como microtexto, como prática de significação em sala de aula, o currículo tanto expressa essas visões e significados quanto contribui para formar as identidades sociais que lhes sejam convenientes (Silva, 1999a: 29).

A análise da teoria curricular, quer seja em sua explicitação normativa, como é o caso das propostas oficiais, quer seja em suas manifestações na prática escolar, implica investigar como se exerce a mediação entre o indivíduo e a sociedade no processo de formação. A relação indivíduo-sociedade na escola é mediada pela cultura traduzida em currículo, isto é, por uma *cultura curricularizada*, uma vez que o currículo sempre compreendeu processos de seleção da cultura. No entanto, ele:

(...) não é algo que se desenhe, se escolha, se ordene, se classifique *a priori* para depois transmiti-lo e desenvolvê-lo em um esquema, em uma organização escolar e em um sistema educacional. Surge como fato cultural real das condições mesmas da escolarização, a partir das pautas de funcionamento institucional e profissional. No melhor dos casos, aquilo que se desenha como programa e intenções ou conteúdos culturais será sempre reinterpretado pelas condições institucionais da escolarização (Sacristán, 1996b: 36-37).

Estudar o currículo e a política de reforma curricular implica, portanto, recorrer ao estudo das prescrições oficiais, considerando, no entanto, que estes não se consolidam de forma espelhada na escola. Esta, ao confrontar-se com os dispositivos normativos, atribui a estes significados marcados pelos modos de organização do trabalho pedagógico já consolidados e marcados, também, pela articulação do trabalho escolar ao contexto sociocultural e político cultural. Desse modo, compreende-se o currículo como expressão da prática e da função social da escola.

1.3. A operacionalização da linguagem no currículo oficial

Um outro elemento a ser considerado na análise dos textos oficiais que visam a prescrições curriculares é a *linguagem*. Herbert Marcuse aponta a relevância da análise dos significados das palavras para explicitar seu sentido histórico e político. A linguagem é portadora da razão que a cria e institui práticas culturais. De posse de um caráter funcional e operacional, à linguagem pouca resta além de expressar a razão que submete a sociedade e o indivíduo a um "behaviorismo social e político". Torna-se *comunicação*, porque "evita o desenvolvimento genuíno do significado" (Marcuse, 1982: 94-95).

Na linguagem cotidiana, o significado e a multiplicidade de conteúdos dos conceitos se evidenciam por meio do contato direto com as coisas e com a própria realidade. Com a linguagem *comunicada*, no entanto, o significado torna-se funcional, isto é, restringe os conteúdos do conceito, seus significados, a uma única possibilidade. Confere *unidade* na interpretação e, por essa razão, assume uma forma totalitária:

> Nesse universo de locução pública, a palavra se move em sinônimos e tautologias; na realidade, nunca se move em direção à diferença qualitativa. A estrutura analítica isola o substantivo governante de seus conteúdos que invalidariam ou pelo menos perturbariam o uso aceito do mesmo em declarações políticas e na opinião pública. O conceito ritualizado é tornado imune à contradição (Marcuse, 1982: 96).

A repetição, levada à exaustão, valida o significado e o converte em ideologia. Mascara, por assim dizer, dados significativos da realidade que possibilitariam a reflexão e a crítica. Segundo Adorno (1995b), a reflexão acerca da linguagem constitui o parâmetro original de toda e qualquer reflexão filosófica. Por essa razão, a natureza prescritiva da linguagem normativa, que se traduz em pressupostos e indicativos das mudanças pretendidas, precisa ser minuciosamente problematizada. Ela assume uma finalidade operacional e funcional que necessita ser investigada.

Essa linguagem operacional é orgânica ao processo de instrumentalização da razão, que imputa ao conhecimento a condição exclusiva da objetividade. Condensa os conceitos e padroniza de tal modo as formas pelas quais as idéias se expressam, que impede a formação do pensamento conceptual: "a linguagem funcionalizada, abreviada e unificada é a linguagem do pensamento unidimensional" (Marcuse, 1982: 101).

A linguagem funcional dificulta a abstração e o exercício da reflexão crítica, unifica-se ao imediatismo e satisfaz-se com a aparência dos fatos. Por isso ela é anti-histórica. Nega aos homens a possibilidade de, *por meio da* memória, *por meio da* reflexão histórica, captar as contradições e tornar-se capaz de produzir o pensamento crítico. No entanto, como afirma Marcuse (1982: 105):

O pensamento milita contra o fechamento do universo da locução e do comportamento; possibilita o desenvolvimento dos conceitos que desestabilizam e transcendem o universo fechado ao compreendê-lo como universo histórico. Confrontando com a sociedade em questão como objeto de sua reflexão, o pensamento crítico se torna consciência histórica.

A operacionalidade da linguagem *comunicada* restringe a explicação ou compreensão, e, portanto, a reflexão e a crítica. Dessa forma, o controle, materializado em *informação*, não gera resistências, pelo contrário, produz obediência e sujeição às normas. Por essa razão, desvendá-la é explicitar esse seu caráter instrumental e funcional. É reconstituir a lógica da linguagem bidimensional, dialética, que evidencia as contradições e *enuncia o conflito entre a coisa e sua função* (Marcuse, 1982: 105). É, dito de outra forma, repor no significado da palavra *conceito* a sua condição de ser resultado de reflexão. É ressignificar o próprio termo:

> O termo "conceito" é usado como designação da representação mental de algo que é entendido, compreendido, conhecido como o resultado de um processo de reflexão. Esse algo pode ser um objeto da prática diária, ou uma situação, uma sociedade, um conto. Em qualquer dos casos, se tais coisas são compreendidas, tornam-se objetos de pensamento e, como tal, seu conteúdo e significado são idênticos aos objetos reais da experiência imediata e, não obstante, diferentes dele. "Idênticos" no quanto o conceito denota a mesma coisa; "diferentes" no quanto o conceito seja o resultado de uma reflexão que tenha entendido a coisa no contexto (e à luz) de outras coisas que não apareceram na experiência imediata e que explicam a coisa (mediação) (Marcuse, 1982: 109).

A locução política identifica-se com a linguagem funcional e operacional por ser uma linguagem *prescritiva*. Podemos identificar essa sua forma nos discursos, nos programas e nos demais instrumentos de administração pública. A educação como um campo da ação polí-

CURRÍCULO E COMPETÊNCIAS

tica retrata esse *universo de locução fechada e operacional*. Os conceitos podem adquirir nos enunciados da administração pública da educação aquele caráter identitário e unitário próprio do pensamento unidimensional. A sua natureza prescritiva demarca seu caráter autoritário. É desprovido de concreção:

> Quando esses conceitos reduzidos governam a análise da realidade humana, individual ou social, mental ou material, chegam a uma falsa concreção — uma concreção isolada das condições que constituem sua realidade. Neste contexto, o tratamento operacional do conceito assume uma função política (Marcuse, 1982: 110).

Essa falsa concreção, bem como o caráter operacional e funcional da linguagem, está posta em muitas das proposições da atual reforma educacional do ensino médio no Brasil. Muitos dos princípios e diretrizes da reforma curricular são definidos e justificados em virtude de se pretender promover uma adaptação da formação humana às exigências da sociedade contemporânea, entendida, por exemplo, nos Parâmetros Curriculares Nacionais e nas Diretrizes Curriculares Nacionais para o Ensino Médio, como uma "sociedade tecnológica" que, ao alterar o modo de organização do trabalho, altera as relações sociais. Desse modo, estar-se-ia justificando a proposta de que toda a formação humana, inclusive a que não visa à formação profissional, tome o trabalho como princípio organizador do projeto educacional, escolar e curricular. É o que se pode depreender do Parecer n. 15/98 que institui as Diretrizes Curriculares Nacionais para o Ensino Médio:

> O trabalho é o contexto mais importante da experiência curricular no ensino médio, de acordo com as diretrizes traçadas pela LDB em seus artigos 35 e 36. O significado desse destaque deve ser devidamente considerado: na medida em que o ensino médio é parte integrante da educação básica e que o trabalho é princípio organizador do currículo, muda inteiramente a noção tradicional de educação geral acadêmica ou, melhor dito, academicista. O trabalho já não é mais limitado ao ensino profissionalizante. Muito ao contrário, *a lei* reconhece que nas

sociedades *contemporâneas todos,* independentemente de sua origem ou destino *sócio-profissional, devem ser educados na perspectiva do trabalho* enquanto uma das principais atividades humanas, enquanto campo de preparação para escolhas profissionais futuras, enquanto espaço de exercício de cidadania, enquanto processo de produção de bens, serviços e conhecimentos com as tarefas laborais que lhes são próprias (Brasil, Parecer CNE/CEB n. 15/98; grifos meus).

A "lei", como se ela tivesse existência independentemente dos homens. O "conceito" — neste caso, o *trabalho* — adquire um significado desprovido daquela concreção a que se refere Marcuse. Produz-se a dimensão operacional e *terapêutica,* isto é, o trabalho é utilizado em favor da manutenção das *condições sociais existentes:*

O caráter terapêutico do conceito operacional se mostra mais claramente quando o pensamento conceptual é metodicamente colocado a serviço da exploração e do aprimoramento das condições sociais existentes, dentro da estrutura das instituições sociais existentes (...) O conceito terapêutico e operacional se torna falso quando isola e atomiza os fatos, estabiliza-os dentro do todo repressivo e aceita os termos desse todo como os termos da análise. A tradução metodológica do conceito universal no operacional se torna então redução repressiva do pensamento (Marcuse, 1982: 110-111).

No presente estudo, partiu-se do pressuposto de que o modo como o termo *competências* está incorporado aos dispositivos normativos evidencia uma linguagem de natureza prescritiva e funcional. A análise do modo como se dá essa incorporação é, assim, condição *si ne qua non* de compreensão dos sentidos da reforma e do que projeta para a formação humana. Uma vez mais, recorremos a Marcuse para dimensionar as implicações desse caráter operacional imputado ao pensamento e à linguagem:

Todas essas proposições convertem os significados em significado operacional e têm como objetivo materializar uma formação humana também funcional. As mudanças na sociedade industrial precisam, para ganhar legitimidade, se orientar por novas concepções, pois aquelas que até o momento lhe deram legitimidade, tornaram-se por demais significativas para permanecerem. (1982: 25). (...) É preciso encontrar novas palavras, porém que expressem a mesma linguagem unidimensional. Manifesta-se aí uma das principais características da razão instrumental: seu caráter irracional que leva à transformação do resíduo em necessidade e a destruição em construção (1982: 29).

2
Formação Humana e "Teorias da Competência"

> A democracia das teorias da competência é uma democracia separada da sociedade (B. Bernstein, 1996).

2.1. Aprender a aprender: Piaget e a competência cognitiva

Piaget investigou, experimentalmente, como se dá o conhecimento, realizando pesquisas usando a observação direta e sistemática. Diante de um problema epistemológico, Piaget dedica-se a investigá-lo no campo da Psicologia. Para esse fim, propôs-se a compor um método de investigação objetivo que oferecesse base experimental para seus estudos, pois conforme reitera em *A epistemologia genética* (1970), seu propósito era demonstrar que:

> (...) o conhecimento não poderia ser concebido como algo predeterminado nas estruturas internas do indivíduo, pois que estas resultam de uma construção efetiva e contínua, nem dos caracteres preexistentes do objeto, pois que estes só são conhecidos graças à mediação necessária dessas estruturas; e estas estruturas os enriquecem e enquadram (...) Em outras palavras, todo conhecimento comporta um aspecto de elaboração nova, e o grande problema da epistemologia é o de conci-

liar esta criação de novidades com o duplo fato de que, no terreno formal, elas se acompanham de necessidade tão logo elaboradas, e de que, no plano do real, elas permitem (e são mesmo as únicas a permitir) a conquista da objetividade (Piaget, 1975c: 129).

Em seu ensaio *Biologie et connaissance* (1973), Piaget afirma que "a vida é essencialmente auto-regulação", da qual o conhecimento é um subdomínio. A par dessa afirmação, apresenta a hipótese que irá dirigir suas investigações:

> Os processos cognitivos apresentam-se, então, simultaneamente, como a resultante da auto-regulação orgânica, da qual eles refletem os mecanismos essenciais, e como os órgãos mais diferençados dessa regulação no seio das interações com o exterior, de tal sorte que terminam com o homem por estendê-las ao universo inteiro (apud Piattelli-Palmerini, 1983: 10).

O ponto de partida para o conhecimento localiza-se *na ação* que o sujeito exerce sobre o objeto. Essa ação está, segundo Piaget, circunstanciada pelas condições sensórios-motoras, pré-operacionais ou operacionais que vão desde "as ações anteriores a qualquer linguagem ou a toda conceptualização representativa" até a tomada de consciência dos resultados, intenções e mecanismos dos atos, isto é, de sua tradução em termos de pensamento conceptualizado" (Piaget, 1975c: 133).

Aprendizagem e desenvolvimento, em Piaget, estão interligados por meio do "nível de competência" que se estabelece no indivíduo ao reagir ao meio, processo este que requisita uma resposta desencadeada com base nos esquemas adquiridos ao longo das aprendizagens já consolidadas. Se a competência for compreendida como capacidade de fornecer certas respostas, a aprendizagem não poderá dar-se da mesma forma nos diferentes níveis do desenvolvimento, pois este dependeria de como as competências estariam evoluindo (Piaget, 1975c: 159).

A principal noção piagetiana que sustenta a idéia de que se trata de uma teoria da competência é a de *esquemas de regulação*. Os esquemas de regulação, bem como as estruturas deles resultantes, estariam reunidos no organismo e derivariam da relação entre este e o meio ambiente.

Esquemas, segundo Piaget, é aquilo que é transferível, diferenciado ou generalizável de uma situação para outra; aquilo que é incorporado em uma ação nova, advindo de uma situação passada: "toda aquisição nova consiste em assimilar um objeto ou uma situação a um esquema anterior aumentando assim esse esquema" (1975b: 372). *Esquema* de uma ação é a estrutura geral dessa ação "se conservando durante suas repetições, se consolidando pelo exercício e se aplicando a situações que variam em função das modificações do meio" (Piaget, 1975b: 371). A competência derivaria, assim, da capacidade de o sujeito acionar eficazmente os esquemas requeridos pelas situações que se diferenciam pelo grau de complexidade e em face das exigências dos processos de acomodação e assimilação.

Diante das perturbações do meio, dois mecanismos são acionados para alcançar um novo estado de equilíbrio. O primeiro é o de *assimilação*. Através deste, o organismo, sem alterar suas estruturas, desenvolve ações destinadas a atribuir significações, a partir de experiência anterior, aos elementos do ambiente com os quais interage. O segundo é a *acomodação,* em que o organismo é impelido a se modificar, a se transformar para se ajustar 'às demandas impostas pelo ambiente'. A ação cognitiva não ocorrerá se o indivíduo não ajustar suas estruturas mentais receptoras às formas que a realidade externa lhe apresenta. A essência da acomodação está nessa adaptação às exigências que o mundo real impõe.

As adaptações vão-se multiplicando na medida em que as estruturas se diferenciam para atender às variações cada vez maiores dos objetos, possibilitando, assim, um crescimento incessante de novas acomodações e assimilações. Assim, a construção do conhecimento é dada como resultante da adaptação do indivíduo ao meio, envolvendo esses dois mecanismos: *assimilação*, quando se exercitam os esquemas já construídos; e *acomodação*, quando se apropria de dados incorporando-os e transformando os esquemas iniciais de assimilação.

Piaget assevera que todo organismo vivo procura manter um estado de equilíbrio ao interagir com o meio. O equilíbrio das estruturas cognitivas é concebido como "compensação das perturbações exteriores por meio das atividades do sujeito, que serão as respostas a essas perturbações" (1984: 104). A lógica corresponderia, no sujeito, ao processo de equilibração.

Dentre as formas de equilibração, Piaget afirma que as mais simples são a assimilação e a acomodação. A construção do conhecimento apóia-se, assim, num sistema de ação que visa a *equilibrações sucessivas*: o sujeito assimila, acomoda e alcança um novo equilíbrio e assim sucessivamente, pois esse processo, segundo ele, nunca está pronto. O desenvolvimento cognitivo é possível por meio dos processos de assimilação e acomodação que resultam das interações entre sujeito e objeto a ser conhecido, nas quais a capacidade do próprio sujeito de criar situações que o levem à apropriação do objeto é fundamental.

Desse modo, as relações entre aprendizagem e desenvolvimento são explicadas de maneira a conferir ao desenvolvimento o *status* de condição *a priori*, a partir da qual ocorre a aprendizagem. Segundo Piaget, o desenvolvimento corresponde à totalidade das estruturas do conhecimento, mas não é a mera soma das experiências de aprendizagem. O desenvolvimento explica a aprendizagem, é o processo fundamental a cada elemento da aprendizagem que ocorre em função do desenvolvimento.

Piaget situa o desenvolvimento das estruturas operacionais como resultado de uma multiplicidade de fatores, tais como: a maturação do sistema nervoso, a experiência adquirida, a linguagem, a transmissão social. A interação entre esses fatores, e não cada um isoladamente, é que seria capaz de provocar o desenvolvimento das estruturas cognitivas. No entanto, é necessário indagar, que peso tem cada um deles nesse processo? Por exemplo, qual o papel das experiências adquiridas no desencadeamento dos processos de assimilação e acomodação? Essas indagações levam Piaget, juntamente com Inhelder, a investigar se a aprendizagem comporta uma lógica, e ainda, se as estruturas lógicas podem ser aprendidas.

Os pesquisadores concluem que a aprendizagem da lógica é, sempre, uma construção ativa por parte do sujeito, a quem compete elaborar os esquemas de conhecimento responsáveis pela assimilação. Assim, embora haja uma aprendizagem das estruturas lógicas, estas dependem de estruturas anteriores, que se coordenam e se diferenciam. As experiências anteriores atuam, portanto, como fatores que geraram os esquemas necessários à produção de novas estruturas. As operações cognitivas remontam às atividades sensoriais motoras desde o nível dos reflexos e constituem competências no sentido de que são uma condição gerada *no* e *pelo* sujeito. Segundo os autores, fatores como a linguagem e a interação social são necessários, embora insuficientes, para o desenvolvimento do pensamento lógico. A gênese deste estaria, essencialmente, nos processos de assimilação e acomodação.

É justamente sobre essa compreensão que tem recaído uma das críticas em torno da teoria piagetiana. Ao aprofundar seus estudos sobre a lógica, Piaget torna secundário o papel dos sistemas de representação, como a linguagem e a memória. As operações mentais, definidas fundamentalmente como operações *lógico-matemáticas*, se sobrepõem nos processos de aprendizagem. Menospreza-se, assim, o fato de que, ao interagir com o mundo, o indivíduo dá respostas de natureza simbólica que necessitam da mediação da linguagem e de outros sistemas de representação.

Segundo Piaget, reside nas ações e experiências *do sujeito* a origem das operações intelectuais. Marcuse (1982), ao discutir a relação entre sujeito e objeto na formação de conceitos científicos abstratos, observa: "Piaget interpreta a formação de conceitos científicos em termos de diferentes abstrações de uma inter-relação geral entre sujeito e objeto" e que, para ele, "a abstração não procede do mero objeto, de modo que o sujeito funcione apenas como o ponto neutro de observação e medição, nem do sujeito como veículo de Razão cognitiva pura". Para demonstrar essa proposição, Piaget recorre à distinção entre os processos de cognição da Matemática e da Física.

> Contrariamente ao que é com freqüência afirmado, as entidades matemáticas não são, portanto, o resultado de uma abstração baseada em objetos, mas, antes, de uma abstração feita em meio de ações como tal. Reunir, ordenar, mover-se são ações mais gerais do que pensar, empurrar etc. porque insistem na própria coordenação de todas as ações particulares e porque entram em cada uma delas como fator coordenador (Piaget apud Marcuse, 1982: 156).[1]

Enquanto o conhecimento da Matemática pressupõe uma "acomodação geral ao objeto", no conhecimento da Física a abstração partiria do objeto e conduziria a ações do sujeito em torno de uma abstração também lógico-matemática. Para Piaget, "essa abstração ou diferenciação se estende ao próprio centro das coordenações hereditárias porque os mecanismos coordenadores da ação estão sempre ligados, em sua fonte, a coordenações por reflexo e instinto" (Piaget apud Marcuse, 1982: 156). Essas afirmações levam Marcuse a concluir:

> A interpretação de Piaget reconhece o caráter prático da razão teórica, mas o extrai de uma estrutura geral de ação que, em última análise, é uma estrutura hereditária, biológica. O método científico assentaria finalmente numa fundação biológica que é supra (ou antes, infra-) histórica. Mais ainda, admitindo-se que todo conhecimento científico pressupõe a coordenação de ações particulares, não vejo por que tal coordenação seja, "por sua própria natureza" lógico-matemática — a não ser que as "ações particulares" sejam as operações científicas da Física moderna, caso em que a interpretação seria circular (Marcuse, 1982: 156).

Os estudos de Piaget que recaem sobre as explicações do modo pelo qual o indivíduo interage com o meio enfatizam o papel ativo do

---

1. A obra a que Marcuse se refere é: PIAGET, J. *Introduction à l'épistemologie génétique*. Paris: Presses Universitaires, 1950, v. III.

primeiro ao reagir e se adaptar ao segundo. No entanto, as funções que exercem o meio, especialmente na sua condição histórica e cultural, não foram alvos da mesma consideração:

> Na realidade, nota-se que um trabalho minucioso foi realizado do ponto de vista tanto teórico quanto empírico a respeito da contribuição do sujeito nas suas trocas com o meio, em detrimento de um estudo do papel do meio na estruturação das condutas do sujeito. O papel ativo do sujeito é bastante enfatizado e freqüentemente estudado, mas não se observa, em contrapartida, nos inúmeros trabalhos sobre a gênese das noções científicas e das operações lógico-matemáticas, um estudo da contribuição do meio na formação de conhecimentos (Leite, 1991: 26).

Se as contribuições da Psicologia Genética são consideradas relevantes por evidenciarem a importância da ação individual e do papel desta na constituição dos processos cognitivos, a explicitação dessa ação em relação ao *mundo* permanece lacunar quando se trata de tomar esse *mundo* como um contexto mutável que excede o universo físico e é constituído por múltiplas *realidades* e formas de se pensar e expressar essa *realidade*.

Ao fazer recair sobre o sujeito a responsabilidade pelos processos de adaptação, Piaget subsume o meio social às estruturas mentais e desconsidera, portanto, a dimensão histórico-cultural da relação indivíduo-sociedade. Neste sentido, é pertinente a crítica de Bernstein, quando ressalta o valor que exerce a dimensão cultural da realidade na formação do indivíduo, secundarizada pelo biólogo e filósofo suíço. A cultura é constituidora dos significados individuais e sociais e, uma vez desconsiderada, faz com que se recaia em uma concepção da formação humana de caráter funcional e a-histórico.

O modo como a noção de competências está enunciada em muitas das prescrições da reforma curricular em análise comporta exatamente o sentido enunciado por Piaget, por exemplo, quando negligenciam a importância da memória e concentram na atividade prática do sujeito a condição da aprendizagem. O menosprezo pela memória contraria a possibilidade de uma formação voltada para a reflexão, para a crítica, para a autodeterminação. Como afirma Adorno em *O que significa elaborar o passado* (1995), se a humanidade se aliena da memória, esgota-se, sem fôlego, na adaptação ao existente.

2.2. Competência lingüística: a teoria da sintaxe de Chomsky

A outra "teoria da competência" aqui destacada é a perspectiva colocada por Noam Chomsky acerca da lingüística, entendida por ele como uma ciência empírica que tem por objetivo produzir uma teoria da estrutura da linguagem humana. A acepção chomskiana toma como pressuposto básico o papel ativo do sujeito ao adquirir as regras gramaticais necessárias à comunicação e à participação na sociedade.

Chomsky fala de uma perspectiva inatista. Para ele, a competência de promover o desempenho lingüístico não pode ser adquirida, mas está dada desde o nascimento. Propõe-se a explicar de que modo se forma a gramática e suas regras, e se apóia no pressuposto de que a língua se produz essencialmente por meio de uma dimensão criativa. A criatividade, nesse caso, é entendida como a capacidade, tanto de compreensão da língua materna, quanto de construção de frases jamais ouvidas ou enunciadas.

Em seus estudos, Chomsky elabora uma teoria lingüística que se compõe de "três modelos de descrição da linguagem": a Gramáti-

---

2. Faz-se necessário aqui precisar em que sentido Chomsky refere-se à gramática. Como observa Lyons (1973), há uma confusão e mesmo uma incoerência terminológica no campo da lingüística com relação à palavra *gramática*. Ela pode referir-se tanto ao "conjunto da descrição sistemática da língua, abrangendo fonologia, semântica e sintaxe" (p. 25), quanto referir-se de modo mais restrito somente à sintaxe. A sintaxe compreende a explicação das regulações que dirigem a combinação das palavras. A semântica está voltada mais propriamente ao estudo dos significados das palavras e, a fonologia, aos sons e suas possíveis combinações. Chomsky compreende a gramática como o estudo daquelas três partes relacionadas, conforme o entendimento da lingüística moderna. Suas contribuições, porém, referem-se mais diretamente à sintaxe.

ca[2] Gerativa, a Gramática Sintagmática (tratada em *Estruturas sintáticas*, de 1957) e a Gramática Transformacional ou Transformativa (exposta em *Aspectos da teoria da sintaxe*, de 1965). Nesta última, explicita-se com maior clareza o conceito de "competência lingüística".

A gramática gerativa tem por objetivo "descrever todas as frases de uma língua, através de um número finito de regras que possibilitem engendrar ou explicitar um número infinito de frases. Estas podem ser representadas em dois níveis: sintático, como seqüências de palavras, e fonológico, como seqüência de fonemas" (Rodrigues: 1985). A condição de a língua poder manifestar uma infinidade de sentenças define seu aspecto criador. Chomsky chama de "gerativa" a gramática especialmente em função deste segundo sentido. No entanto, devido à necessidade de que se explicitem especificamente as regras da gramática e em que condições elas devem ser utilizadas, este modelo foi considerado limitado pelo autor, pois não alcança o conjunto de processos necessários para a formação de frases.

Chomsky considera que a gramática *gera* e, por esta razão, se definem como *gramaticais* todas as sentenças da língua, não fazendo distinção entre as que já foram e as que não foram enunciadas. Desse modo, para ele, a teoria lingüística não pode resumir-se a um "manual de procedimentos úteis, nem se deve esperar que ela assegure métodos mecânicos para a descoberta de gramáticas. (...) A teoria lingüística deve, portanto, preocupar-se com a justificação das gramáticas" (Chomsky apud Lyons, 1973).

Desse modo, Chomsky justifica a escolha de seu 'terceiro modelo', a gramática *transformacional*, que se estrutura por meio de dois componentes: o primeiro, que demarca as estruturas fundamentais ou *de base*; e o segundo, que implica um componente transformacional ou *de superfície*. Este componente transformacional define-se pelas transformações que empreende o falante-ouvinte ao criar a estrutura das frases, evidenciadas no uso da língua, obedecendo, porém, aos componentes de base ou estruturas profundas. A relação entre os componentes de base e os de superfície pode ser assim compreendida:

O sentido de cada frase é derivado, em grande parte, senão totalmente, de sua estrutura profunda, por meio de regras de interpretação semântica; por outro lado, a interpretação fonética de cada frase (sua descrição física enquanto sinal acústico) é derivada de sua estrutura de superfície, por meio de regras fonológicas (Rodrigues, 1985).

Em *Aspectos da teoria da sintaxe*, Chomsky define a gramática gerativa como uma teoria da competência lingüística que comporta as regras "que especificam as seqüências bem formadas com unidades mínimas que funcionam sintaticamente e que atribuem informação estrutural de várias espécies tanto a estas seqüências quanto àquelas que se desviam sob certos aspectos da boa formatividade" (Chomsky, 1985: 229).

Nesse estudo, faz questão de assinalar que a teoria lingüística ocupa-se de um falante-ouvinte ideal, inserido em um contexto de fala homogênea e que domina com perfeição a sua língua. Entretanto, assevera Chomsky, muito se diferenciam essas condições quando se trata de estudar o falante-ouvinte em situações concretas. Preocupado em delimitar a relação entre a gramática gerada numa situação ideal e aquela que se realiza em situações reais do uso da língua, ele estabelece uma distinção fundamental: a diferença entre *competência* e *desempenho*.

Competência refere-se ao "conhecimento da língua por parte do falante-ouvinte" e *desempenho*, ao "uso efetivo da língua em situações concretas" (Chomsky, 1985: 229). O autor afirma que o desempenho não reflete diretamente a competência, e disso deriva o maior problema dos lingüistas: o de demarcar, com base no desempenho, o sistema de regras que o falante-ouvinte domina. Conclui, enfim:

A gramática de uma língua pretende ser uma descrição da competência intrínseca do falante-ouvinte. Se, além disso, for perfeitamente explícita — por outras palavras, não se fiar na inteligência do leitor entendido, mas antes fornecer uma análise explícita de sua contribuição

—, podemos (de algum modo redundantemente) chamá-la gramática gerativa (Chomsky, 1985: 230).

Que pressupostos estão contidos nas concepções enunciadas por Chomsky? O lingüista parte de um pressuposto amplamente posto à prova: o inatismo. Segundo ele, determinados princípios formais da gramática são inatos, o que implicaria uma universalidade desses princípios e explicaria o êxito das crianças ao adquirirem as regras gramaticais a partir daquilo que ouvem. Chomsky busca dar sustentação à hipótese da universalidade de princípios argumentando que "se fosse construída uma linguagem artificial que violasse aqueles princípios gerais, ou alguns deles, ela não seria aprendida ou pelo menos não seria aprendida com a facilidade e a proficiência com que uma criança normal aprende a língua humana" (apud Lyons, 1973: 110).

A existência dos princípios formais universais é alvo dos críticos de Chomsky, que argumentam em favor da impossibilidade de que seja comprovada:

> Com efeito, é obviamente impraticável ver uma criança crescer sem conhecimento de qualquer língua natural, expondo-a tão somente a elocuções próprias de uma língua artificial, falada numa escala ampla de situações "normais". Nem é claro como se poderia projetar um aceitável experimento psicológico com menor incidência direta sobre as questões em pauta (Lyons, 1973: 110).

O modo com que Chomsky trata a questão do inatismo é, no entanto, bastante complexo. Segundo ele, há um estado primordial na capacidade da linguagem que é invariante e comum à espécie. Em função disso, as diferenças individuais e culturais poderiam ser ignoradas. No entanto, essa capacidade inicial estará submetida tanto à ação do meio quanto do próprio indivíduo, o que ele denomina *estado estacionário*. O grau de desenvolvimento que será alcançado por esse estado estacionário variará de indivíduo para indivíduo numa mesma língua, bem como de cultura para cultura. Isto implica que a competência real estará sempre associada às especificidades de uma determinada língua. A condição inata é compreendida, assim, como condição de base *da espécie*, o que não significa que ela não esteja sujeita a variações de indivíduo para indivíduo:

> A hipótese de Chomsky não implica que a descrição formal do estado inicial, no que se refere à faculdade da linguagem (e que, segundo todas as probabilidades está inscrito no genoma), seja literalmente invariante mas, outrossim, que se pode abstrair *legitimamente* das variações para apreender os caracteres de base da espécie a que o organismo pertence (Piattelli-Palmerini, 1983: 27).

Mesmo com essas ressalvas, a filiação inatista pode explicar, pelo menos em parte, por que a competência lingüística de Chomsky se inscreve numa visão funcionalista da formação humana. O pressuposto dos princípios formais universais e inatos do funcionamento da linguagem conduz o autor a circunstanciar a um plano secundário, como um determinante de menor relevância, a diferenciação cultural. A interação entre os diferentes falantes-ouvintes em um mesmo grupo social confere ao desenvolvimento da linguagem formas particulares que contribuem também para a diferenciação entre esses indivíduos. A abordagem chomskiana da competência minimiza essa dimensão subjetiva, que, se considerada na sua função de mediadora de caráter *cultural* e não apenas *social*, ajudaria a explicar a diferenciação entre os indivíduos nos processos de apropriação e emprego da língua.

A produção chomskiana reflete ainda uma outra preocupação que precisa ser considerada. Todo o programa de investigação traçado por Chomsky está marcado por um objetivo, qual seja, o de inscrever toda a gramática em um modelo *matemático*. A formalização das regras gramaticais que necessitam ser explicitadas (regras gerativas) deveria ser submetida a uma racionalidade próxima ao cálculo de uma função matemática.

A competência lingüística se situaria, assim, no intervalo entre um desempenho que atende às regras gramaticais e à ocorrência de sentenças não gramaticais, explicadas como *erros de desempenho*, ou seja, erros na aplicação das regras.

A lógica matemática, bem como o rigor na explicitação das regras, inscritos no alvo da gramática gerativa, imputa ao pensamento chomskiano também uma filiação à tradição racionalista que busca definir objetivamente as estruturas do entendimento humano:

> O pressuposto fundamental do programa racionalista (no qual se inscreve Chomsky) consiste em não atribuir qualquer estrutura *intrínseca* ao meio ambiente. Só existem leis de ordem provenientes do interior; quer dizer, toda a estrutura ligada à percepção, seja ela de origem biológica, cognitiva, lingüística ou outra, é *imposta* ao meio ambiente pelo organismo e não extraída deste. As leis dessa ordem são concebidas como relativas à espécie, invariantes através das épocas, dos indivíduos e das culturas (Piattelli-Palmerini, 1983: 19).

Esses pressupostos circuncrevem uma concepção instrumental da razão e da linguagem, pensadas a partir de sua dimensão funcional e operacional, na qual o critério de desempenho — decorrente da competência — validaria e explicaria a relação indivíduo-sociedade e torna secundária a dimensão histórico-cultural da razão e da linguagem. Essa abordagem operacional da linguagem coincide com aquela criticada por Marcuse em *O homem unidimensional*, pois encerra uma perspectiva na qual a busca da eficiência contribui para a conversão da linguagem em veículo de controle e sujeição dos indivíduos a algo preestabelecido.

Em que medida essa perspectiva não estaria se materializando nas proposições da atual reforma educacional, por exemplo, na realização dos exames nacionais como SAEB e ENEM, nos quais o *desempenho* é tomado como critério aferidor de prováveis *competências* adquiridas pelos alunos ao longo do processo de escolarização? Em que medida não estaria, ainda, sujeitando educadores a escolhas com base em critérios predeterminados pelos exames, instituindo, com isso, formas de controle sobre o processo educativo e sobre a escola?

2.3. A raiz condutista da noção de competências: tecnicismo e Pedagogia por Objetivos

Os anos 60 e 70 foram amplamente marcados pela influência da sociologia funcionalista norte-americana sobre a pedagogia, em particular pela *Teoria geral dos sistemas*, que conjugada com as proposições do behaviorismo, caracterizaram o enfoque condutista de ensino.[3]

A teoria de sistemas tem, dentre outros, no também biólogo Ludwig von Bertalanffy um de seus precursores. No ano de 1968, nos Estados Unidos, Bertalanffy publica *Teoria geral dos sistemas*. Essa obra passa a ser referência para inúmeros estudiosos da teoria das organizações.

Na abordagem sistêmica, salientam-se as relações entre o ambiente externo e a organização, na medida em que se verifica um intercâmbio entre essas instâncias. O enfoque sistêmico vale-se da noção de "sistemas abertos", pressupondo uma "troca de energias" entre diferentes subsistemas. A renovação de energias necessárias à manutenção do sistema provém do exterior e é compensada pela noção de equilíbrio, inerente à autopreservação da organização. Por sua vez, essa "compensa" o meio exterior dando-lhe em troca bens, serviços e utilidades necessários à sua sobrevivência. Desse modo, a organização estaria em equilíbrio quanto mais harmonia houvesse entre os *inputs* (entradas) e os *outputs* (saídas).

---

3. No Brasil, a influência condutista é marcante, porém, não exclusiva. Faz-se presente também o biologismo piagetiano, que desde os anos 30 vem dialogando com a pedagogia e, no período em pauta, gera uma compreensão dos processos de aprendizagem que culmina com a proposição legal de organização do currículo em atividades, áreas de estudo e disciplinas, conforme consta do Parecer n. 853/71, já mencionado. Quando o Relator Valnir Chagas propõe uma determinada concepção de currículo, enfatiza que "a velha marcha do 'concreto para o abstrato' apresenta-se hoje — na Psicologia Genética de Piaget, por exemplo — sob a forma tríplice de um período sensório-motor, seguido de uma fase de operações concretas' que leva, na adolescência às operações formais (...) móveis e reversíveis'. Com base nisso, enuncia uma composição curricular assentada em "atividades, áreas de estudo e disciplinas", pois tal forma comportaria uma montagem curricular "a partir do concreto e do mais para o menos amplo, do genérico para o específico" (Brasil, CFE, Parecer n. 853/71).

Para a teoria de sistemas, há uma preocupação com os fatores externos e com as inter-relações entre fatores internos e externos de uma organização, pois são essas inter-relações que permitem que a organização se sustente e seja eficiente. Toma por imprescindível a especificação minuciosa dos diferentes papéis a serem ocupados, o que faz com que todos os envolvidos sejam pormenorizadamente controlados.

A teoria de sistemas foi alvo de inúmeras críticas, especialmente no que se refere ao favorecimento de mecanismos de controle:

> A abordagem sistêmica representaria o refinamento máximo da teoria das organizações em seu aspecto coercivo, na manutenção da divisão do trabalho mais adequada aos interesses da oligarquia político-econômica. Aliás, por si só, a abordagem sistêmica constituiria o refinamento máximo do exercício sutil da dominação, não apenas no nível organizacional, mas ao nível da divisão internacional do trabalho (Motta e Pereira, 1986: 219).

O que no Brasil convencionou-se chamar *tecnicismo* delimitou uma produção teórica que visava imputar uma racionalidade extremamente objetiva sobre as práticas pedagógicas, nos moldes propostos pela teoria de sistemas. A influência norte-americana fez-se notar em muitos dos elementos constituidores do trabalho pedagógico. A teoria curricular pautada nos escritos de Ralph Tyler, a prática do planejamento de ensino como *instrução programada*, tal qual proposta por B. F. Skinner, e a avaliação organizada a partir da *taxionomia dos objetivos educacionais* de B. S. Bloom, consolidaram a Pedagogia por Objetivos e marcaram fortemente o pensamento e a ação pedagógica das escolas brasileiras no período.

Politicamente, esse ideário pedagógico esteve articulado ao contexto do regime militar. Decorrente em parte das parcerias feitas entre o país e os Estados Unidos, como, por exemplo, dos Acordos MEC-USAID, essa articulação resulta de uma intensa apropriação de modelos teóricos, que contribuiu para a conformação de uma pedagogia assentada na vigilância e no controle, favorável ao clima de ditadura.

A adequação do tecnicismo ao regime militar explica-se, também, pela centralidade das técnicas em detrimento do acesso ao conhecimento como finalidade primeira da formação humana. As perspectivas de currículo e avaliação enunciadas por Tyler e Bloom exemplificam o quanto a organização do trabalho pedagógico escolar está marcada por processos de instrumentalização da razão que privilegiam a dimensão técnica e proclamam a pretensa neutralidade nos processos formativos. Essa forma instrumental materializa-se nas ações que tomam indivíduo e sociedade desprovidos de seus condicionantes histórico-culturais, pois busca a padronização e, se se compreende, como Adorno (1996), que formação cultural e diferenciação se equivalem, ao se dificultar os momentos de diferenciação sucede-se uma formação desprovida da capacidade de reflexão e de crítica, isto é, a *semiformação*.

Esse uso descontextualizado da técnica conduz a práticas pedagógicas nas quais os objetivos a serem alcançados devem ser formulados e especificados com a máxima clareza e definidos em termos dos comportamentos observáveis. Contribui para a exeqüibilidade desse modelo as proposições de Burrhus F. Skinner sobre *instrução programada*, que consiste em se subdividir a matéria a ser ensinada em unidades elementares e que serão apresentadas em ordem crescente de dificuldade.

A instrução programada tem seus princípios retirados da concepção behaviorista de aprendizagem. A perspectiva behaviorista desenha um modelo da aprendizagem de tipo associativista: E → R. Os *Estímulos*, que são externos, chegam ao indivíduo, que produz as *Respostas*, de caráter interno, comportamental. Novos comportamentos instalam-se pela repetição das associações E → R, o que leva a compreender a *aprendizagem* como uma seqüência de *condicionamentos*.

A aprendizagem é tida como um processo mecânico, passível de ser controlado por meio de *reforços*, através dos quais se recompensam as respostas corretas (reforço positivo) e se punem as respostas incorretas (reforço negativo), conforme se deseje que o comportamento seja ou não instalado. As respostas esperadas são recompensadas e reproduzidas; as respostas inadequadas devem ser punidas e abandonadas.

Skinner estabelece uma distinção entre *condicionamento operante* e *condicionamento clássico*. O primeiro oferece base teórica para a proposição da *instrução programada* e considera o papel ativo do indivíduo na aprendizagem. Ele próprio estabelece a associação entre estímulos e respostas e, caso o comportamento resulte em satisfação, será reproduzido; caso contrário, será abandonado.

As principais críticas que se voltam à perspectiva behaviorista da aprendizagem dizem respeito ao reducionismo ao qual submete o psiquismo humano, especialmente ao excluir "os processos mentais dos indivíduos, ao recusar interessar-se pela *caixa preta* que deles é a sede, o behaviorismo não permite dar conta das aprendizagens complexas tais como a aquisição da linguagem" (Foulin e Mouchon, 2000: 16). Por se apoiar em uma concepção funcional da relação sujeito-objeto, verbaliza uma perspectiva unidimensional da formação humana, salientada por Marcuse como portadora de uma razão intrinsecamente operacional. Tal racionalidade passa a orientar os processos formativos escolares no período em questão.

O planejamento de ensino, segundo o modelo da instrução programada, deveria ser traçado definindo-se, primeiramente, o objetivo geral da matéria a ser ensinada em um tempo previamente estipulado. Em seguida, demarcam-se os objetivos específicos, os conteúdos, as estratégias, os recursos e os critérios de avaliação, todos enunciados de forma objetiva. Especial atenção deveria ser dada à linguagem na prescrição dos objetivos, transcritos em termos de comportamentos observáveis. Note-se, uma vez mais, o caráter funcional e operacional imputado ao trabalho educativo.

Complementando o modelo, a avaliação da aprendizagem deveria ser igualmente objetiva e tecnicamente bem executada. Para esse fim, em muito contribuiu a taxionomia dos objetivos formulada por B. S. Bloom, voltada para a construção de instrumentos *fidedignos* de

CURRÍCULO E COMPETÊNCIAS 59

avaliação, bem como para os cuidados na aplicação, análise e controle dos resultados obtidos. Associadas ao modelo tyleriano do currículo, as proposições de Bloom prescrevem uma classificação de objetivos comportamentais nos domínios cognitivo, afetivo e psicomotor (Macedo, 2002: 125). Nesse paradigma avaliativo, deve-se primar pela objetividade, que deve estar incorporada às questões formuladas, bem como à leitura das respostas. A dimensão quantitativa é valorizada em detrimento da dimensão qualitativa. A finalidade última da avaliação seria a de averiguar em que medida a intervenção pedagógica produziu mudanças comportamentais, além de tornar possível o ajustamento entre as condições de ensino e as condições de aprendizagem.

É nesse contexto que se publica no Brasil, em 1972, o livro de Thomas S. Nagel e Paul T. Richiman, traduzido por Cosete Ramos, com o sugestivo título *Ensino para competência: uma estratégia para eliminar fracasso*.[4] Trata-se de um programa de instrução programada, no qual se valoriza a listagem dos objetivos instrucionais, bem como a descrição de atividades definidas segundo os critérios e recursos necessários para se atingir os objetivos. É nítida a referência à teoria de sistemas e à abordagem comportamental da aprendizagem. Essa linha de organização e planejamento curricular foi amplamente criticada por valorizar a dimensão quantitativa dos saberes e por conduzir ao fracionamento dos conteúdos e das atividades de aprendizagem. É limitada, também, porque hierarquiza os saberes e os circunscreve a uma ordem linear e cumulativa que produz uma aprendizagem mecânica e fragmentada.

Esse modelo caracterizou a pedagogia tecnicista criticada ao longo dos anos 80 no Brasil por seu caráter mecanicista e falaciosamente neutro. Em que medida ela não estaria sendo revigorada hoje? Por exemplo, a idéia de que um ensino voltado para as competências individuais é adequado no enfrentamento do fracasso escolar tem sido um argumento utilizado em defesa da pedagogia das competências

---

4. O título do original norte-americano é: *Competency: based instruction. A estrategy to eliminate failure.*

(Perrenoud, 1999; 2000b). Quais os distanciamentos e proximidades entre *pedagogia por objetivos* e *pedagogia por competências*?

Lopes (s.d.) e Macedo (2000, 2002) lembram que, na década de 70, a perspectiva intitulada *ensino para a competência* decorreu da influência das teorias da eficiência social sobre o currículo e esteve, de início, associada à formação de professores, mas acabou por adentrar outras modalidades de ensino. Nessa perspectiva, o termo *competência* substituía a descrição de objetivos, no entanto, tal qual a Pedagogia por Objetivos, estabelecia um elenco de comportamentos mensuráveis com a intenção de serem cientificamente controláveis. Lopes assim analisa a vertente mencionada:

> A idéia, ainda muito presente no senso comum educacional de uma forma mais ampla, de que a qualidade do desenvolvimento curricular, e da educação de uma forma geral, depende de uma definição precisa dos objetivos a serem implementados e, por conseguinte, do perfil de profissional, de cidadão ou de sujeito social que se pretende formar, deriva do pensamento de que o currículo existe para atender às finalidades sociais do modelo produtivo dominante. Tal perspectiva nega a possibilidade de que os fins educacionais sejam estabelecidos no desenvolvimento das atividades curriculares. Ao contrário, encara que a definição dos objetivos, a partir de uma concepção empírico-positivista de ciência, pode estabelecer o controle neutro do trabalho realizado. Por isso o caráter comportamental de um objetivo é defendido, na medida em que o comportamento do aluno, como expressão objetiva, sem ambigüidades e inequívoca do produto do processo educacional, garantiria a possibilidade de avaliação da eficiência desse processo (Lopes, s.d.).

Pacheco (2001) faz uma discussão igualmente interessante a esse respeito. Observa que *competência* indica "o que é necessário para se percorrer um dado caminho" e *objetivo* significa "o resultado que se deve alcançar no final desse caminho". Afirma que no quadro da teoria curricular, tanto a abordagem por objetivo quanto a por competência denotam "uma racionalidade de transmissão do conhecimento dirigida para a solução de problemas mediante a aquisição de estratégias cognitivas". Conclui que a pedagogia por competências situa-se, no âmbito das políticas curriculares recentes, como um prolongamento da Pedagogia por Objetivos:

> O conhecimento que é agora contextualizado em comportamentos esperados, em propósitos predeterminados e em conjuntos de saber-fazer, implica o domínio de habilidades e de níveis de desempenho. Deste modo, "o conhecimento é mais performativo do que declarativo, não constitui um sistema de enunciados relativos a estados de coisas e às suas condições, mas exprime-se por repertórios de saber-fazer que se escoram em outros tantos poder-fazer: é simultaneamente técnico e social". Competência e objetivo dizem respeito a formas de ordenação do conhecimento ou a critérios para a seleção de estratégias que fundamentam a organização do processo ensino/aprendizagem, que têm em comum uma visão do culto da eficiência e uma noção instrumental de currículo (Pacheco, 2001).

Estar-se-ia, então, diante de um revigoramento do tecnicismo, diante de um *neotecnicismo*, que acentua a perspectiva de uma "gestão científica do currículo" em detrimento de uma perspectiva que toma o currículo como "construção social". Que implicações as *teorias da competência*, quando apropriadas pela política curricular, podem trazer para a cultura escolar e para a formação humana no quadro da reforma educacional em análise? Para que se tenham outros indícios de respostas a estas questões, é preciso adentrar ainda o movimento que a lógica posta pelas teorias da competência tem gerado, contemporaneamente, nos campos da Sociologia do Trabalho e do Currículo.

3
O "modelo de competências": o trabalho e as tendências no âmbito da educação profissional

> *No ambiente tecnológico, a cultura, a política e a economia se fundem num sistema onipresente que engolfa ou rejeita todas as alternativas. O potencial de produtividade e crescimento desse sistema estabiliza a sociedade e contém o progresso técnico dentro da estrutura de dominação. A racionalidade tecnológica ter-se-á tornado racionalidade política.* (H. Marcuse, 1982)

3.1. Acumulação flexível e mudanças na formação para o trabalho

O debate contemporâneo em torno das demandas de profissionalização, sobretudo no que se refere à estruturação do *modelo de competências*, tem-se reportado a uma apropriação das "teorias da competência". Essas apropriações, no entanto, não se dão de forma linear, mas reconfiguram aquelas teorias adequando-as ao contexto gerador de mudanças no mundo do trabalho.

As tendências que se firmaram nos anos 90 em termos de qualificação profissional, com vistas a formar o trabalhador contemporâneo, vêm-se constituindo em objeto de investigação no campo da Eco-

CURRÍCULO E COMPETÊNCIAS 63

nomia e da Sociologia do Trabalho e, nestas, tem ocupado destaque o chamado "modelo de competências". Hirata toma a polêmica em torno dos referenciais de *competências* evidenciando sua origem e implicações:

> A competência é uma noção oriunda do discurso empresarial nos últimos dez anos e retomada em seguida por economistas e sociólogos na França. Noção ainda bastante imprecisa, se comparada ao conceito de qualificação, um dos conceitos-chaves da sociologia do trabalho francesa desde os seus primórdios; noção marcada política e ideologicamente por sua origem, e da qual está totalmente ausente a idéia de relação social que define o conceito de qualificação para alguns autores (Hirata, 1994: 132).

As justificativas para uma reorientação das tendências de formação profissional têm sido apresentadas como decorrências das mudanças ocorridas no "mundo do trabalho", que estariam pondo como desafio para o setor produtivo demandas específicas de formação.

Desde o início da década de 70, o mundo capitalista vem traçando um novo panorama na geopolítica mundial, estruturando um processo de mundialização do capital[1] notável em algumas transformações, como, por exemplo, a formação de um mercado consumidor mundializado, a constituição de blocos econômicos, a reconfiguração do mercado financeiro, dentre outras.

O processo de intensificação da globalização tem sido apontado como decorrente da necessidade de o capitalismo recompor seu pa-

---

1. Segundo Chesnais (1996), o termo *mundialização* corresponde ao sentido inglês conferido à palavra globalização, "que traduz a capacidade estratégica de todo grupo oligopolista, voltado para a produção manufatureira ou para as principais atividades de serviços, de adotar, por conta própria, um enfoque e conduta 'globais'. O mesmo vale, na esfera financeira, para as chamadas operações de arbitragem. A integração internacional dos mercados financeiros resulta, sim, da liberalização e desregulamentação que levaram à abertura dos mercados nacionais e permitiram sua interligação em tempo real. Mas baseia-se, sobretudo, em operações de arbitragem feitas pelos mais importantes e mais internacionalizados gestionários de carteiras de ativos cujo resultado decide a integração ou exclusão em relação às benesses do mercado" (p. 17).

drão de acumulação, mediante a construção de possibilidades de enfrentamento da crise que se acentuava nos países ricos no início dos anos 70. Essa crise delineou-se, em parte, pelo esgotamento do financiamento, pelo fundo público, do padrão de acumulação de capital nos 50 anos anteriores (Frigotto, 1995: 62).

A constituição desse novo padrão de acumulação sustenta-se em dois alicerces fundamentais que demarcam uma nova base técnica do trabalho e caracterizam a reestruturação produtiva: assenta-se na adoção de novas tecnologias que se utilizam da microeletrônica no processo de produção e de circulação de mercadorias e serviços; e na adoção de novas formas de organização e gestão da produção inspiradas no *modelo japonês*, que demandam participação ativa por parte do trabalhador no processo de trabalho.

O que tem sido retratado, com freqüência, como um movimento de reestruturação *produtiva* mostra-se, na verdade, como uma *reestruturação geral de toda a sociedade* e que tem conduzido a mudanças nos processos de formação que vão muito além das anunciadas como adequação ao que é requerido pelo mercado de trabalho. As propostas de mudanças curriculares, de modo geral, incorporam o espírito do "novo capitalismo" e impregnam todos os espaços de formação.

Ferreti (1997) chama a atenção para o fato de que, se, num primeiro momento, as novas tecnologias foram apontadas como o principal fator desencadeador de mudanças no campo da educação profissional, tal afirmação deu origem, no entanto, a uma interpretação apressada, pois se baseou numa suposta linearidade entre mudança tecnológica e novos requisitos de formação. Para esse autor,

> (...) é necessário tomar por referência não a tecnologia — pois assim, se a reifica e naturaliza — mas a relação social que a institui e manipula, ou seja, o próprio capital. Nesse sentido, é importante considerar que o movimento de continuidade/ruptura entre taylorismo/fordismo e o paradigma toyotista se, de um lado, se apóia na ciência e tecnologia disponíveis e no desenvolvimento de estágios mais avançados das mesmas, tem sua origem, basicamente, nas crises de acumulação capi-

talista, associadas à corrosão do Estado de Bem Estar Social e à resistência organizada dos trabalhadores à produção fordista, agravadas pela crise energética do início dos 70 (Ferreti, 1997).

Uma das graves conseqüências da conformação dessa nova base produtiva é a elevação acentuada dos níveis de desemprego, configurando-se um processo de exclusão da produção e do consumo sem precedentes na história do mundo capitalista. Isso é possível, dentre outros fatores, devido ao alargamento do mercado em proporções intercontinentais que permite uma seletiva e criteriosa consolidação de um novo perfil do mercado consumidor.

Ao mesmo tempo em que as mudanças tecnológicas provocam índices alarmantes de desemprego, dissemina-se a idéia de que estariam impondo novas demandas em termos da formação do trabalhador. São apresentadas como exigências para ingresso e permanência no mercado de trabalho habilidades, tais como: capacidade de pensamento autônomo, uso do raciocínio lógico, criatividade, responsabilidade e compromisso, capacidade de estar constantemente informado e atualizado, capacidade de aprender constantemente, facilidade de adaptar-se às mudanças, domínio das diferentes formas de comunicação etc.

Muitas dessas habilidades, para serem desenvolvidas, pressupõem o domínio de conhecimentos científicos básicos, que, em nossa sociedade, encontram-se sob responsabilidade da escola. Além disso, a formação para o trabalho deveria ser capaz de produzir uma nova relação entre o "saber" e o "fazer" no processo de produção, o que implicaria a capacidade de elaboração do saber tácito por parte do trabalhador.

No marco das transformações na produção e no trabalho, emerge a necessidade de se ser mais competitivo; essa maior competitividade não se restringe apenas às empresas, mas também aos indivíduos, o que demandaria uma formação capaz de prepará-los para a "aquisição de conhecimentos fundamentais, de habilidades sociais e das atitudes que permitam enfrentar situações de contingência, assim como transferir seu saber-fazer e seu saber-ser a distintos contextos; este seria o sentido do modelo de competências" (OIT/Cinterfor, 1997).

A Oficina Internacional do Trabalho (OIT), por meio do Centro Interamericano de Investigação e Documentação sobre Formação Profissional (Cinterfor), produziu extensa bibliografia que expressa o quanto a noção de competências é potencializadora na definição, consolidação e operacionalização do que se chamaria um novo paradigma de formação profissional. Para a OIT, a adoção do modelo de competências significa uma possibilidade real de elevar o nível de competitividade das empresas, ao mesmo tempo em que permitiria melhorar as condições de ingresso e permanência no trabalho. Seria portadora, ainda, da capacidade de diminuir as distâncias entre os interesses do capital e os interesses dos trabalhadores (OIT/Cinterfor, 1997).

A "competência", definida pelas necessidades de qualificação profissional, poderia ser sintetizada como a *capacidade produtiva de um indivíduo* (OIT/Cinterfor, 1997). Não se configuraria por meio da simples justaposição de uma série de conhecimentos, habilidades e atitudes, mas da capacidade de combiná-los, integrá-los e utilizá-los de modo a atender ao que é requerido pelo contexto do trabalho e da produção no capitalismo contemporâneo.

A formação para a competência profissional é apresentada sendo capaz de preparar o indivíduo para "resolver problemas", o que conferiria vantagens à organização curricular:

> Competência significa resolver um problema e alcançar um resultado com critérios de qualidade, isto exige que o ensino seja de tipo integral: que combine conhecimentos gerais e específicos com experiências de trabalho. As vantagens de um currículo orientado à resolução de problemas são: a) se leva em conta a forma de aprender; b) se concede maior importância a ensinar a forma de aprender do que a assimilação de conhecimentos; c) se logra maior pertinência que no enfoque baseado em disciplinas e especialidades acadêmicas; e d) se ganha maior flexibilidade do que com outros métodos. A formação baseada

CURRÍCULO E COMPETÊNCIAS

em normas de competência laboral facilita a educação pela alternância, permitindo ao indivíduo transitar entre a aula e a prática do trabalho, ademais estimula a formação contínua dos trabalhadores e propicia que as empresas respondam às expectativas de seu pessoal do ponto de vista da remuneração face às competências alcançadas (Mertens, 1997: 37).

Uma outra *vantagem* da adoção do modelo de competências estaria na possibilidade de se oferecer uma formação individualizada por meio do emprego de módulos que possibilitariam à pessoa "adaptar seus atributos e capacidades às necessidades de formação, avançar progressivamente na acumulação de conhecimentos e na aquisição de níveis de competência cada vez mais amplos". Isso permitiria, ainda, fazer com que os progressos obtidos resultassem mais estimulantes, "porque o patamar a alcançar é suficientemente claro e preciso" (Mertens, 1997: 36). Desse modo, o indivíduo em formação estaria contando com os elementos necessários para orientar sua própria aprendizagem. Nota-se, portanto, uma concepção de formação como requisito individual. Esta idéia rompe com a idéia de qualificação como atributo social.

Para os defensores desse modelo, as vantagens da sua adoção estariam, dentre outras, na possibilidade de constituir um modo de recuperar a humanização do trabalho, ao centrar novamente o processo de crescimento econômico e desenvolvimento sobre o ser humano, além de representar a convergência de interesses entre educação e emprego (sic!) (Ducci, 1997). A questão da "empregabilidade" residiria, portanto, no indivíduo e não na sociedade, se esta é capaz ou não de gerar empregos. O enfoque das competências, para a OIT, teria conseqüências que interessariam ao bem-estar da sociedade em seu conjunto, à medida que, ao lado dos benefícios diretos para os indivíduos enquanto força de trabalho, comportaria uma garantia de qualidade a eles como consumidores: se a mão-de-obra produz com competência, quem ganha é o consumidor. Evidencia-se aqui o caráter marcadamente ideológico do termo *competências*. Ele seria capaz de portar

(...) o entendimento, convergência e acordo capaz de resolver as diferenças e contradições de interesses que os distintos atores e interlocutores manifestam a respeito dos objetivos de formação para o trabalho. O enfoque de competências representa um enorme potencial de estruturação das políticas de educação e de formação, e de vinculação destas com as políticas de mercado de trabalho e de emprego (Ducci, 1997: 23).

Diante da realidade colocada pela dinâmica da reestruturação produtiva no contexto da acumulação flexível, o cenário para o trabalho e para a formação profissional se mostra, porém, cada vez mais seletivo e excludente, o que deveria descartar a possibilidade de certezas até mesmo no interior de organismos que ocupam lugar estratégico no contexto da *nova economia*. No entanto, a força que adquire o caráter ideológico da metamorfose conceitual conduz à implementação do modelo, pois, de qualquer forma, as mudanças impostas pela reorganização do capital não deixaram incólume a formação humana, principalmente aquela destinada à formação para atender aos ditames do mercado.

Um aspecto relevante na composição do modelo de competências refere-se à metodologia utilizada na identificação das competências requeridas pelos postos de trabalho. Steffen (2001) identifica três metodologias predominantes, mas que com freqüência são utilizadas de forma combinada. São elas: o modelo condutista, o modelo construído sobre a base da análise funcional e o modelo construtivista.

O modelo condutista origina-se nos Estados Unidos e fundamenta-se na perspectiva behaviorista de análise do comportamento. Busca identificar atributos fundamentais para que o trabalhador obtenha um desempenho qualitativamente superior. A metodologia de definição das competências requeridas pauta-se pela observação sistemática dos trabalhadores mais capacitados e pela tentativa de generalização desses atributos.

Como observa Ramos, a matriz condutista deriva da estrutura comportamentalista definida por Skinner no campo da Psicologia e das elaborações de Bloom e Mager, dentre outros, no campo da Pedagogia. De acordo com a autora, essas proposições "guardam forte relação com o propósito da eficiência social e se manifesta, mais fortemente, também nos Estados Unidos, na elaboração de um modelo genérico de competência gerencial" (Ramos, 2001: 102).

O enfoque construído a partir da análise funcional foi originalmente desenvolvido na Inglaterra e encontra sustentação teórica na abordagem funcionalista da Sociologia e seus desdobramentos na Teoria de Sistemas aplicada à Administração. Tem como propósito descrever as funções compostas por elementos de competência orientados segundo critérios de avaliação indicadores dos níveis de desempenho requeridos. Parte dos objetivos da empresa ou da área de ocupação e tem como meta a identificação de um perfil ocupacional desejado que servirá de referência para a implementação de programas de capacitação e de avaliação de competências.

Ramos observa que a perspectiva da análise funcional, por se fundamentar na Teoria Geral de Sistemas, busca delimitar as interrelações entre a empresa e seu entorno e, ainda, que "a função de cada trabalhador na organização deve ser posta não somente em sua relação com o entorno da empresa, mas considerando que o próprio trabalhador compõe subsistemas existentes dentro do sistema empresa, onde cada função é o entorno de outra" (Ramos, 2001: 103).

A metodologia construtivista de definição de competências tem sua origem na França. A normalização de competências é definida com base nos resultados de aprendizagem e pelo desempenho dos indivíduos diante de problemas e dificuldades enfrentados. A busca da solução das disfunções na organização é mediada por estratégias de motivação pessoal. Um elemento importante desse enfoque refere-se a tomar como padrão não os trabalhadores de maior rendimento como no modelo condutista, mas os que têm menor desempenho. Sobre estes se atua no sentido da ampliação das competências individuais.

Segundo Ramos, a metodologia construtivista desenvolvida na França com base, dentre outros, nos estudos de Bertrand Schwartz, "rechaça a defasagem entre construção da competência e a norma por um lado e, por outro, a estratégia de capacitação", pois se propõe a unificar os processos de investigação das competências requeridas e a capacitação em serviço que leva à sua construção (Ramos, 2001: 94).

Das metodologias de definição e das estratégias de formação de competências é possível depreender que, na composição do modelo de competências como uma das tendências que marcam o campo da formação profissional na atualidade, as matrizes teórico-metodológicas advêm especialmente do condutismo no campo da Psicologia Comportamental e da abordagem funcionalista da Sociologia.

Stroobants (1997) demarca, ainda, a Psicologia Cognitivista como uma das matrizes a serem investigadas pela Sociologia do Trabalho na composição do modelo de competências. Situa o cognitivismo como uma corrente dominante nas ciências da cognição na atualidade, e que tem sua origem marcada pelas pesquisas no âmbito dos projetos de produção da Inteligência Artificial (AI).

Para o cognitivismo, o computador "se apresenta como uma máquina 'universal' suscetível de formalizar uma mensagem qualquer que seja seu conteúdo. O modelo de conhecimento que corresponde a essa proposta é o de uma competência geral polivalente que gera *performances* diversificadas" (Stroobants, 1997: 145). Observa, porém, a autora, que na perspectiva das ciências cognitivas, as teorias da aprendizagem, como a de Piaget, não estão em nada ultrapassadas, mas passam por um processo de renovação. O mesmo é possível afirmar da atualidade do debate colocado por Chomsky quanto à competência lingüística e à noção de desempenho.

O debate contemporâneo em torno das demandas de profissionalização, sobretudo no que se refere à estruturação do *modelo de competências*, tem-se reportado a uma apropriação das "teorias da competência", mas não apenas delas. Essas apropriações, no entanto, não se dão de forma mecânica e linear, mas reconfiguram aquelas teorias adequando-as ao contexto gerador de mudanças no mundo do trabalho.

3.2. O modelo de competências nas proposições de formação profissional no Brasil

Para os objetivos deste trabalho, vamos situar a política de formação profissional, no período analisado (1993-2003), no âmbito do Ministério do Trabalho — especialmente no que se refere ao emprego do modelo de competências no interior das políticas de formação da Secretaria de Formação e Desenvolvimento Profissional (SEFOR) e do Ministério da Educação, pelas ações da Secretaria de Educação Média e Tecnológica (SEMTEC).

Como bem observa Steffen (2001), não nos encontramos diante de um modelo unitário de formação profissional em nosso país. Isso serve também para as proposições em torno do uso da noção de competências. Ministério do Trabalho e Ministério da Educação nem sempre convergiram quanto aos sistemas de formação, normalização e certificação de competências.

No âmbito da SEFOR, no período considerado, a principal política de formação foi explicitada no Plano Nacional de Educação Profissional (PLANFOR). Esse Plano teve como princípio integrar uma ampla rede de educação profissional que se encontra desarticulada, bem como promover uma intensificação dos processos de qualificação profissional orquestrada pelo Ministério e pelas Secretarias de Estado do Trabalho.

A produção do discurso oficial sobre formação profissional, especialmente no interior da SEFOR, foi balizada pela disseminação da idéia de que "trabalhador qualificado é imune ao desemprego" (Moraes, 1999: 25). Contraditoriamente, é com base nessa ideologia que vem-se reforçando a necessidade de reformulação do ensino técnico-profissional e das redes de formação existentes.[2]

---

2. De acordo com Ramos (2001), a noção de competência, no Brasil, aparece no Programa Brasileiro de Qualidade e Produtividade (PBQP), ainda no Governo Collor de Mello, por meio do Programa Nacional de Qualificação e Certificação (PNQC), que visava à criação do Sistema Brasileiro de Certificação, cujo objetivo final seria a "certificação de competências".

Um dos pilares da SEFOR na definição e na implementação de suas políticas foi o discurso da "empregabilidade". *Empregável* seria todo aquele capaz de obter ou de se manter no emprego. Seria uma condição do indivíduo, residiria nele a capacidade (ou a competência) de tornar-se apto a conquistar/permanecer no emprego. Dessa adequação resulta a postura de que o máximo que o Estado pode fazer pelo trabalhador é contribuir para que adquira essa condição.

É facilmente identificável a aproximação entre empregabilidade e competência. Ambos os termos são condições subjetivas e expressam uma potencialidade. Ramos chama a atenção para o fato de que, nos escritos da Sociologia do Trabalho, essa aproximação se faz presente. Empregabilidade e competência definem-se mutuamente, uma é condição da e para a outra:

> (...) a primeira é função das competências desenvolvidas e permanentemente atualizadas pelo trabalhador, transferíveis aos diversos contextos de trabalho. Em compensação, manter-se ativamente produtivo — ter empregabilidade — é uma condição importante para a atualização das competências, juntamente com a participação em cursos de formação profissional continuada (Ramos, 2001: 13).

No Documento *Certificação de competências profissionais: pontos em torno dos quais se busca a convergência*, o termo *competências* adquire uma multiplicidade de sentidos, evidenciando seu caráter fluido e ambíguo:

> — As competências como sendo aptidões, habilidades e conhecimentos que garantem um potencial de capacidades adquiridas e inclinações inatas que, bem direcionadas, permitem o perfeito desempenho das performances exigidas pelo mercado de trabalho;
> — As competências como sendo uma lista de realizações ou atividades que estão sendo exigidas na ponta do sistema empregatício com a indicação precisa das normas e padrões de exigências e desempenho mínimo para o exercício satisfatório para cada posto de trabalho. O indivíduo competente, no caso, seria aquele que possui as qualifica-

ções adequadas para atingir o desempenho ótimo exigido no posto de trabalho;

— As competências como sendo o resultado de uma longa e vivenciada experiência somente adquirida na prática intensa de um ofício e dificilmente transmissível de um profissional a outro. Seriam o resultado da aquisição da *"expertise"* ou mestria dentro do ofício, ocupação ou profissão e somente seriam aferidas pela consagração do profissional diante de seu público cliente e/ou da entidade empregadora;

— A competência seria um conceito com um forte componente social e político, variando conforme o contexto e a situação vivida pelo profissional, sendo em grande parte uma responsabilidade individual, única e original, dificilmente construída apenas por processos educativos;

— A competência como sendo o resultado final de um processo de construção desde a aquisição das habilidades básicas, passando pela formação profissional e os requisitos de plena cidadania, até a aquisição da experiência na prática das atividades profissionais (apud Steffen, 2001).

O outro foco disseminador do modelo de competências no período foi a Secretaria de Educação Média e Tecnológica (SEMTEC). Esta Secretaria difundiu como principal referência para a educação profissional as Diretrizes Curriculares Nacionais para essa modalidade de ensino, exaradas pelo Conselho Nacional de Educação. Segundo o Parecer CNE/CEB nº 16/99, competência profissional é a "capacidade de articular, mobilizar e colocar em ação valores, conhecimentos e habilidades necessários para o desempenho eficiente e eficaz de atividades requeridas pela natureza do trabalho". Nota-se uma semelhança entre essa conceituação e as presentes no âmbito das prescrições da OIT/CINTERFOR.

Com o fim de regulamentar o artigo 40 da LDB, que afirma: "a educação profissional será desenvolvida em articulação com o ensino regular, ou por diferentes estratégias de educação continuada", o Parecer n. 16/99 explicita em que termos deve-se dar essa relação: "O termo articulação indica mais que complementaridade: implica em intercomplementaridade mantendo-se a identidade de ambos; propõe uma região comum, uma comunhão de finalidades, uma ação planejada e combinada entre o ensino médio e o ensino técnico". Para fundamentar esse intento, o Parecer recorre à noção de competências:

> Quando competências básicas passam a ser cada vez mais valorizadas no âmbito do trabalho, e quando a convivência e as práticas sociais na vida cotidiana são invadidas em escala crescente por informações e conteúdos tecnológicos, ocorre um movimento de aproximação entre as demandas do trabalho e as da vida pessoal, cultural e social. É esse movimento que dá sentido à articulação proposta na lei entre educação profissional e o ensino médio. A articulação das duas modalidades educacionais tem dois significados importantes. De um lado afirma a comunhão de valores que, ao presidirem a organização de ambas, compreendem também o conteúdo valorativo das disposições e condutas a serem constituídas em seus alunos. De outro, a articulação reforça o conjunto de competências comuns a serem ensinadas e aprendidas, tanto na educação básica quanto na profissional (Brasil, CNE/CEB, Parecer n. 16/99).

Além das competências básicas, a cargo do sistema escolar, a educação profissional deveria ocupar-se das competências específicas relativas às diferentes áreas de ocupação. A questão da articulação entre educação geral e profissional não é, no entanto, algo simples e resolvido.

Ferreti (1997) salienta que em países como o Brasil, observa-se uma tendência de elevação dos requisitos de escolaridade, especialmente em função da baixa qualidade do ensino. Isso nos conduz a pelo menos duas indagações: em que medida nosso sistema educacional está apto a desenvolver as ditas competências básicas supostamente requeridas pelo mercado? E, como o próprio autor observa, não haveria um agravamento do processo de exclusão da formação profissional, e até da inserção no mercado formal de trabalho, dos jovens que porventura tivessem fracassado na escolaridade regular?

Ferreti e Silva Jr. (2000), ao analisarem o texto das Diretrizes Curriculares Nacionais para a Educação Profissional, apontam alguns equívocos presentes nos encaminhamentos oficiais relativos a essa modalidade de ensino. Primeiramente, o texto traz como inquestionável que o país estaria, à semelhança do ocorrido nos países avançados na década de 70, passando por mudanças significativas com relação ao trabalho, devido a inovações de ordem tecnológica e organizacional. Os autores chamam a atenção para a forma equivocada com que o documento em pauta trata a dicotomia entre "tecnologias, processos de produção e organização do trabalho vigentes, de um lado, nas empresas de cunho taylorista/fordista e, de outro, nas de natureza integrada e flexível", pois desconsideram os estudos que mostram "a heterogeneidade e a diversidade observada entre países, ramos produtivos, setores de produção e empresas quanto ao emprego de tais inovações e quanto ao sucesso obtido em decorrência de sua implementação" (Ferreti e Silva Jr., 2000: 46). Salientam, ainda, que as conclusões a que chegam o documento das Diretrizes para a educação profissional ignoram a trajetória histórica e os aspectos particulares que assumem tanto o desenvolvimento econômico quanto a formação profissional nos distintos países, em especial no Brasil. Apontam os autores que se incorreu na "impropriedade de atribuir as mudanças em curso predominantemente ao desenvolvimento da ciência e da tecnologia", recaindo-se, desse modo, em um determinismo tecnológico igualmente questionável.

As justificativas em torno da adoção do modelo de competências no âmbito da educação profissional, como também do ensino médio, são discutidas por Ferreti e Silva Jr. no texto mencionado. Asseveram os autores que o documento refere-se à questão da qualificação de modo restrito aos atributos pessoais dos trabalhadores em relação às tarefas e ao posto de trabalho, ignorando as contribuições que as pesquisas no campo da Sociologia do Trabalho têm trazido para o tema. Quanto ao modelo de competência, ele é tomado como referência para a educação profissional a partir de uma transposição linear dos referenciais de formação traçados pelos países avançados em função das mudanças que vêm ocorrendo no paradigma produtivo.

Do exposto no Parecer n. 16/99, depreende-se o mesmo otimismo (ou cinismo) presente nos escritos da OIT/CINTERFOR quando imputa ao modelo de competências a capacidade de produzir o fim dos conflitos e contradições entre capital e trabalho. Como é sabido, em nosso país o ensino médio padeceu (padece) da dualidade estrutural que o levou a oscilar, ora em favor de um caráter propedêutico/elitista para alguns em contraposição à profissionalização estreita para outros, ora como resultado de uma combinação entre essas finalidades, mas que mantinha seu caráter dual.

A política de educação profissional encontra-se em estreita obediência às prescrições dos organismos internacionais cuja ênfase recai sobre a oferta de educação básica como condição de ingresso do país no mercado global. Ainda que a universalização do ensino básico seja um direito inquestionável, como lembram Kuenzer (1996b), Ferreti (1997) e Machado (1996), não há, de fato, uma relação linear entre escolarização, qualificação profissional e desenvolvimento econômico, como quer fazer crer o discurso oficial.

3.3. Da qualificação para as competências: deslocamento conceitual[3] no campo da formação profissional

Nem mesmo no âmbito da formação para o trabalho a noção de competência se serve de um mesmo significado. Isto ocasiona, certamente, uma série de limitações e confusões quando se trata de implementar políticas de formação. Tais confusões são gestadas, inclusive, ao se tentar precisar os conceitos.

---

3. Ramos (2001) mostra que, contemporaneamente, assiste-se a um *deslocamento conceitual*, isto é, o conceito de qualificação tem perdido sua centralidade e em seu lugar vem estruturando-se a noção de competência. A autora nota que, a partir dos anos 80, evidenciou-se uma tendência em colocar a qualificação como pressuposto da eficiência produtiva, ao mesmo tempo em que foi deixando de ser considerada como elemento organizador das relações de trabalho. Esse processo fez com que o conceito de qualificação passasse a ser substituído pela noção de competências.

No presente contexto, torna-se ilustrativo perscrutar uma das questões centrais quando se recorre ao modelo de competências no âmbito da formação profissional: a distinção entre **qualificação e competências**.

Segundo Mertens (1997), estes termos assim se definem e diferenciam:

> Por *qualificação* entende-se o conjunto de conhecimentos e habilidades que os indivíduos adquirem durante os processos de socialização e educação/formação. Considera-se como um ativo com o qual as pessoas contam e que utilizam para desempenhar determinados postos de trabalho. Pode-se definir como sendo a *capacidade potencial* para desempenhar e realizar as tarefas correspondentes a uma atividade ou posto de trabalho.
>
> A *competência*, por sua vez, se refere unicamente a certos aspectos deste acervo de conhecimentos e habilidades: os necessários para chegar a certos resultados exigidos em uma circunstância determinada; a capacidade real para chegar a um objetivo ou resultado em um contexto dado. *Se a qualificação se circunscreve ao posto, a competência se centra na pessoa que pode chegar a ocupar um ou mais postos* (Mertens, 1997: 30) (grifos meus).

Desse modo, haveria uma distinção fundamental no que se refere à identificação dos requisitos de qualificação ou de competências. No primeiro caso, valer-se-ia da análise ocupacional para se definir a qualificação requerida por determinado posto de trabalho, identificando-se as tarefas compreendidas pela ocupação. Quando se trata, no entanto, de identificar competências, a referência central não é mais o posto de trabalho, mas os resultados esperados pela empresa; daí resultariam as funções e destas os conhecimentos e as habilidades requeridos para desempenho na função.

Para a OIT/CINTERFOR, uma idéia amplamente aceita no campo da formação profissional define competência como uma capacidade efetiva de levar ao uma atividade de trabalho plenamente identificada. A competência profissional não seria, portanto, uma *probabilidade* de êxito na execução do trabalho, mas uma *capacidade demonstrada*. Para a OIT, a competência profissional seria entendida como a idoneidade para realizar uma tarefa e desempenhar um posto de trabalho eficazmente por possuir as qualificações requeridas. Nesse caso, competência e qualificação se associam fortemente, dado que se considera qualificação uma capacidade adquirida para realizar um trabalho e desempenhar um posto de trabalho.

Essa concepção de qualificação, no entanto, é, no quadro analítico da Sociologia do Trabalho, bastante limitada. A qualificação tem sido reconhecida como resultado de um amplo processo de formação, que se insere em um contexto contraditório e mediado pelas relações entre capital e trabalho. Neste sentido, é enfocada como *relação social*.

Hirata (1994) situa a noção de qualificação a partir de uma perspectiva multidimensional: qualificação do emprego, qualificação do trabalhador e qualificação como uma relação social. Nas palavras da autora:

> Qualificação do emprego, definida pela empresa a partir das exigências do posto de trabalho; qualificação do trabalhador, mais ampla do que a primeira, por incorporar as qualificações sociais ou tácitas que a noção de qualificação do emprego não considera; finalmente, a dimensão da qualificação como uma relação social, como o resultado, sempre cambiante, de uma correlação de forças capital-trabalho, noção que resulta da distinção mesma entre qualificação dos empregos e qualificação dos trabalhadores (Hirata, 1994: 132).

Ferreti (1997) explica a adoção do "modelo de competência" como uma alternativa conveniente para o campo empresarial, que ora é contraposto ao conceito de qualificação, ora usado como seu sinônimo. Salienta, no entanto, que possuem conotações diferentes. Competência "enfatiza menos a posse de saberes técnicos e mais a sua mobilização para a resolução de problemas e o enfrentamento de imprevistos na situação de trabalho, tendo em vista a maior produtivi-

CURRÍCULO E COMPETÊNCIAS

dade com qualidade". Por enfatizar as condições individuais de produtividade, traz conseqüências para a relação capital-trabalho, como o favorecimento da negociação e do envolvimento em detrimento do embate e dos posicionamentos críticos.

Uma das implicações do processo de deslocamento do conceito de qualificação em direção ao modelo de competência é destacada por Ramos (2001), nos seguintes termos:

> Enquanto o conceito de qualificação apresenta uma conotação societária e uma referência coletiva e integradora, porque se refere ao emprego numa sociedade contratual regulada e ao sujeito inserido nas relações sociais marcadas pela contradição capital e trabalho, a noção de competência tem uma conotação individual. Seu significado remete, sem mediações, ao sujeito abstraído das relações sociais, sugerindo uma relação de consenso entre capital e trabalho (Ramos, 2001: 15).

As relações entre trabalho e educação tenderiam, assim, a serem orientadas pela noção de competência, e não mais pela idéia de qualificação. Um dos objetivos que este movimento poderia alcançar seria o de conferir legitimidade às políticas de formação profissional voltadas para a flexibilização e a desregulamentação dos contratos de trabalho.

A respeito do deslocamento do conceito de qualificação para a noção de competências, Fidalgo (2002) e Ramos (2001) alertam para o fato de que há um desvio "do posto" para o indivíduo, o que por sua vez traz conseqüências quando se trata de realizar negociações trabalhistas. O indivíduo, e não mais o posto de trabalho, seria o portador dos requisitos do exercício do trabalho, logo, se ele não é competente reside nele próprio a incapacidade de se manter empregável. Segundo Fidalgo:

> A noção de competência individualiza a referência, relaciona a classificação a padrões de desempenho e a meios para o alcance de resultados e se apresenta independente das especificidades da divisão técni-

ca. Neste caso, seriam confrontados os indivíduos e as performances esperadas e a negociação passa a ser personalizada. Os trabalhadores se submeteriam aos testes de validação contínua da sua adequação às funções de trabalho e às exigências de mobilidade e flexibilidade funcionais. Neste decurso, precisariam explicitar os saberes adquiridos através da experiência profissional, franqueando-os aos avaliadores, pois as novas regras do jogo assim o exigem, o que representaria, em última instância, o enfraquecimento do seu próprio poder de barganha (Fidalgo, 2002).

Markert (2000 a, 2000b, 2001), por sua vez, toma o debate em torno do modelo de competência sob um prisma diferente dos até então mencionados. O autor indaga-se, por exemplo, em que medida esse modelo comporta apenas uma "mistificação da antiga discussão sobre as mudanças das qualificações no capitalismo, ou trata-se realmente de um conceito pedagógico universal que reflete o novo patamar dos conceitos de produção", e problematiza: "se as novas competências fossem desenvolvidas integral e universalmente, forneceriam aos cidadãos a gestão autônoma de sua vida laboral e social?" (Markert, 2000b).

Reportando-se a Marx, quando este afirma que o pressuposto da superação dos limites do capital está na universalização dialética das forças produtivas, e que o próprio capital tende a criar a base do desenvolvimento universal destas forças, e que isto "encerra a possibilidade do desenvolvimento universal do indivíduo", Markert caracteriza os pressupostos necessários para compreender o surgimento de novas competências como "necessidade objetiva do capital mundial para o incremento de disposições laborais e sociais entre os trabalhadores que trazem em si a potencialidade da sua formação universal" (Markert, 2000b). Esse novo processo formativo estaria assentado no conceito de competências, que possui como categorias centrais o trabalho e a comunicação:

> Identifico, a partir da análise das obras de Marx e Habermas, as categorias centrais do conceito integral de competências: a competência

técnica (trabalho), voltada para o domínio do processo de trabalho e a competência comunicativa, direcionada para as relações humanas sem restrições, que são 'incompatíveis com as estruturas de classe" (Habermas) (Markert, 2000b).

As capacidades de comunicação são destacadas por Markert, que observa que a trajetória histórica do capitalismo limitou as potencialidades humanas de interação e comunicação. A dinâmica posta pelo capitalismo na atualidade, conforme a compreensão do autor, estaria conduzindo a comunicação a um requisito fundamental para o exercício do trabalho, ampliando as potencialidades do trabalhador de interação com o próprio trabalho e com a vida em geral. Segundo ele, "esta situação oferece novas chances para o processo de subjetivação e ao mesmo tempo novos perigos para a vida no capitalismo em crise" (Markert, 2000b).

Markert desconsidera, no entanto, que a linguagem, no contexto dos *novos métodos da produção da qualidade,* assume um caráter instrumental, funcional, no sentido da apropriação dos saberes tácitos do trabalhador e de seu uso em direção à potencialização da produção de uma mais valia extraordinária. Como enfatiza Marcuse (1982), a linguagem, em sentido instrumental, não produz a formação da consciência, mas, ao contrário, contribui para a formação do pensamento unidimensional.

É igualmente questionável a afirmação de Markert (2000b) de que tais processos de gestão do trabalho possam conduzir a uma relação mais autônoma e dinâmica entre trabalhador e trabalho. A pedagogia da *qualidade e produtividade* tem, de fato, estabelecido a exigência de uma relação mais ativa e menos parcializada do trabalhador em relação ao trabalho, por exemplo, quando exige a participação em programas de sugestões ou quando cobra a polivalência. No entanto, o limite das mudanças está dado: é o limite que possibilita o alcance de maior produtividade e competitividade demarcadas pela lógica imposta pela acumulação capitalista. De tal modo, a formação requerida limitar-se-ia pelas finalidades determinadas pela via unidimensional do *fazer* do trabalho, dispensando o domínio teórico acerca dos conhecimentos científicos e histórico-sociais que ordenam a atividade produtiva.

Vários são os autores que têm denunciado os limites que uma formação assentada no modelo de competências traz para o trabalhador.[4] De acordo com Ferreti (1997), corre-se o risco de que a educação fique "a reboque dos interesses produtivos, ainda que os discursos ressaltem seus aspectos formativos gerais".

Ferreti e Silva Jr. (2000) observam que o modelo de competências não representa avanços para a educação profissional, quer seja em relação a um conceito estreito de qualificação, quer seja em relação à idéia de qualificação como uma construção social:

> (...) o modelo de competência não avança em relação ao estreito conceito de qualificação, antes o confirma, na medida em que apenas substitui determinados atributos pessoais dos trabalhadores por outros. É verdade que os atributos atuais são mais nobres, referindo-se menos ao trabalho manual e mais ao trabalho intelectual, embora sempre se deva estabelecer a distinção entre simbólico e intelectual, uma vez que determinadas atividades hoje solicitadas de alguns trabalhadores não são manuais, mas nem por isso podem ser ditas intelectuais, se por isso queremos significar mais que a habilidade de manipular símbolos.
>
> (...) Diante do conceito muito mais rico de qualificação como construção social, o modelo de competência é estreito, ainda que seja seu objetivo preparar o trabalhador polivalente, tanto técnica quanto socialmente, para atividades mutáveis e sujeitas a imprevistos. (...) o modelo de competência implica a exacerbação dos atributos individuais, em detrimento das ações coletivas na construção das identidades e dos espaços profissionais (Ferreti e Silva Jr., 2000: 52-53).

---

4. Para um aprofundamento a esse respeito ver: Ferreti (1997), Ferreti e Silva Jr. (2000), Shiroma (1998), Manfredi (1998), Kuenzer (2000a), Machado (1998, 2002), Fidalgo, (2002), Ramos (2001).

Manfredi (1998b) alerta para a necessidade de que se opere uma resignificação da noção de competências no campo da educação profissional, e que seja tomada em suas dimensões social e política, "como parte integrante do campo da correlação de forças entre capital e trabalho". Caso contrário reafirma-se a tendência de "institucionalizar os modelos patronais de competência que virtualmente têm mais possibilidades de se tornar hegemônicos". (p. 37).

Machado (2002) discute a institucionalização de uma *lógica das competências* no Brasil, pois defende a idéia de que se trata de uma *lógica social* que está sendo produzida. A autora estabelece uma série de contrapontos entre esse movimento no Brasil e o modo como ele vem-se dando em outros locais, e entre seus pressupostos teóricos e a maneira como vem se institucionalizando. Constata que a institucionalização da noção de competências tem como resultado "uma crescente homogeneização ideológica (...) ao pretender dar respostas universais para problemas, que aparentemente são gerais, mas que fundamentalmente diferem à medida que se percebe que eles atingem diversamente as classes sociais, os países, as instituições, os gêneros, as etnias e as faixas etárias".

A produção de uma lógica social do uso da noção de competências é constatável também por sua generalização a outras esferas de formação que não a profissional. Cabe problematizar, portanto, o papel que a adoção dessa noção, quando fundada nas mudanças ocorridas no mundo do trabalho, estaria designando à escola básica de educação geral.

O atrelamento às exigências do mercado de trabalho tem demonstrado a realização de uma escolarização de caráter instrumental e interessada. Evidencia-se, desse modo, a racionalidade que se fundamenta no mercado (de produção, de consumo e de trabalho) e gera um tipo de formação orientada por critérios que visam adequar a escola à sociedade, mesmo que esta se organize com base em práticas excludentes e discriminatórias.

É preciso ter claro que a adoção da noção de competência pela reforma curricular, especialmente da educação básica de formação geral, tem sido anunciada, reiteradas vezes, como sendo necessária, tendo em vista a adequação do processo de escolarização às mudanças nos processos produtivos. Nesse sentido, ela não ultrapassa os imperativos de estreita adequação da formação a imperativos postos pelo processo de reestruturação da produção que permanece, de qualquer modo, amarrada à lógica inscrita pelo capital, e deve, por essa razão, ser alvo da crítica. É possível concluir concordando com Silva que,

> (...) a questão central para as estratégias culturais do novo capitalismo consiste em produzir um tipo de pessoa que seja compatível com seus valores e objetivos. Ao novo capitalismo corresponde uma nova identidade, uma nova subjetividade. Os meios pedagógicos do novo capitalismo (em todas as suas formas) estão ativamente, agitadamente, envolvidos num processo de interpelação, de mobilização do eu. Sua descrição do trabalhador ideal, daquele trabalhador apropriado às novas condições da produção, não teria nenhuma importância, nenhum efeito, se não se dirigissem imperativamente ao sujeito que querem transformar, dizendo "você é isso", ou mais precisamente, "você deve ser isso" (Silva, 1999b: 80).

4

O currículo numa abordagem por competências: transferência e mobilização de saberes

> *Quem, tendo freqüentado escola não terá se emocionado alguma vez com a poesia de Schiller e os poemas de Horácio que devia aprender de cor? E a quem os velhos pais não terão causado arrepios de extrema emoção quando, sem que se lhes pedisse e inesperadamente, recitavam textos de que se recordavam ainda, compartilhados assim, numa comunhão com os mais jovens? Com certeza, dificilmente se pediria hoje que alguém aprendesse algo de cor: apenas pessoas muito ingênuas estariam dispostas a apoiar-se na mecanicidade desse processo; porém, assim se priva o intelecto e o espírito de uma parte do alimento de que se nutre a formação (...) Onde essa ideologia falta, instala-se uma ideologia pior* (T. W. Adorno, 1996).

4.1. Competências, diferenciação e fracasso escolar

A noção de competências tem sido usada por vários autores da área da educação em geral e do campo do currículo em particular. Na maioria das vezes, no entanto, ela aparece como algo já predefinido, como se não suscitasse uma discussão sobre os seus significados. Um dos autores que se ocupou da proposição de um currículo por competências foi Philippe Perrenoud, e será tomado aqui como a principal referência teórica nesta área.

O sociólogo suíço Philippe Perrenoud insere a abordagem do currículo centrado na construção de competências no contexto do que define como uma *pedagogia diferenciada*. A diferenciação das aprendizagens, segundo ele, implica em "fazer com que cada aprendiz vivencie, tão freqüentemente quanto possível, situações fecundas de aprendizagem" (Perrenoud, 2000b). Tornar isto uma prática pedagógica implicaria, segundo o autor, mudar radicalmente a escola e significaria, ao mesmo tempo, não renunciar a ensinar nem mesmo abandonar objetivos considerados essenciais.

Um dos fundamentos da pedagogia diferenciada estaria na exigência de produção de igualdade, e ao mesmo tempo de diferenciação, nos processos de formação. Recorrendo à interpretação que Bourdieu faz da *indiferença às diferenças*,[1] Perrenoud assevera que ela transforma as desigualdades iniciais, originadas fora da escola, em desigualdades de aprendizagem que têm conduzido a diferentes condições de obtenção de êxito no processo de escolarização. Desconsiderar as diferenças conduz o ensino a duas possibilidades:

— que engendre o êxito daqueles que dispõem do capital cultural e lingüístico, dos códigos, do nível de desenvolvimento, das atitudes, dos interesses e dos apoios que permitem tirar o melhor partido das aulas e sair-se bem nas provas;

---

1. Pierre Bourdieu, no artigo: Reproduction culturelle et reproduction sociale (Comunicação apresentada no Colóquio da Associação Britânica de Sociologia, em abril de 1970), argumenta que um dos fatores de reprodução das desigualdades sociais é a reprodução da desigualdade cultural, e, que, nesse processo, um fator determinante é a *competência*, cultural e lingüística, conquistada por meio de uma maior ou menor relação de intimidade com a cultura. Quanto à escola, o autor afirma que esta "tende a duplicar os efeitos simbólicos e econômicos da distribuição desigual do capital cultural ao mesmo tempo em que os dissimula e os legitima", fenômeno este que termina por acentuar as diferenças que são escondidas sob processos de seleção pretensamente democráticos. In: MICELI, Sérgio (Org.). *A economia das trocas simbólicas*. São Paulo: Perspectiva, 1974.

CURRÍCULO E COMPETÊNCIAS

— que provoque, em oposição, o fracasso daqueles que não dispõem desses recursos e convença-os de que são incapazes de aprender, de que é sinal de sua insuficiência pessoal mais do que da inadequação da escola (Perrenoud, 2000b: 9).

A diferenciação das aprendizagens é considerada, portanto, fator de enfrentamento do fracasso escolar e é em resposta a ele que Perrenoud pensa uma pedagogia das competências. Nesse aspecto, o autor distancia-se de outras justificativas — como, por exemplo, as postas no campo da educação profissional ou mesmo nas prescrições curriculares oficiais — em defesa da proposição de um currículo organizado com base em competências.

4.2. Como Perrenoud define competências

Perrenoud, ciente do caráter polissêmico e multifacetado da noção de competências, propõe que ela seja entendida como "uma capacidade de agir eficazmente em um determinado tipo de situação, apoiada em conhecimentos, mas sem limitar-se a eles" (Perrenoud, 1999). A relação entre saberes e competências está desde logo colocada e tem-se constituído no principal ponto polêmico quando se fala em currículo numa abordagem por competências. Falar em competências significa negar os saberes?

Segundo Perrenoud, um ensino voltado para o desenvolvimento intencional de competências não pode resumir-se à transmissão pura e simples de saberes, mas implica em exercitar a *transferência de conhecimentos* de uma situação para outra. Desse modo, os saberes escolares iriam adquirindo significado, fazendo sentido diante das práticas sociais. As competências utilizam, integram ou mobilizam conhecimentos, isto é, a competência é expressão da relação entre pensamento e ação, por exemplo, no momento em que um sujeito se confronta com situações reais da vida, imagina como interagir com ela e recorre a saberes previamente adquiridos ou construídos na própria ação.

Recorrendo ao conceito de *bricolage*, de Lévi-Strauss, Perrenoud explica: quando não temos todas as ferramentas, quando não dispomos das melhores condições, "damos um jeito", isto é, fazemos com os recursos que temos à disposição. A competência envolve, portanto, invenção, ou seja, a capacidade de formular hipóteses, de improvisar, de desempenhar-se bem diante de uma dada situação. O autor entende que nenhuma ação é aplicação pura de saberes, mas implica a transferência de saberes, o que, por sua vez, pressupõe um funcionamento mental complexo que envolve contextualização, descontextualização e recontextualização. A *bricolage* é requisito fundamental também da ação docente (Perrenoud, 1993).

A competência implica ainda a *mobilização de recursos*. Esta é uma segunda idéia importante para a compreensão do que Perrenoud propõe da noção de competências. Neste caso, o autor recorre à conceituação que faz Gui Le Boterf:[2]

> A competência não é um estado. É um processo. Se a competência fosse um saber-agir, como isto funcionaria? O operador competente é aquele que é capaz de mobilizar, de executar de maneira eficaz as diferentes funções de um sistema em que intervém recursos tão diversos quanto as operações de raciocínio, os conhecimentos, os acionamentos da memória, as avaliações, as capacidades de relacionamento ou de esquemas comportamentais. Essa alquimia permanece ainda amplamente como uma terra incógnita (Le Boterf apud Perrenoud, 2002).

---

2. Le Boterf é autor do livro *De la compétence. Essai sur un attracteur étrange,* publicado em 1994 na França, sem tradução para o português até o presente momento. Nessa obra o autor define competência como um "atrativo estranho", dada a dificuldade em se precisar seus usos. Segundo ele, a competência está em vias de adquirir o estatuto de uma noção mediata e não se ancora em um conceito operacional, mas está em processo de fabricação. O autor empreende sua análise de modo a situar a competência como *um saber-agir reconhecido,* como um modelo dinâmico que implica a mobilização de saberes teóricos, saberes procedimentais e experimentais e saber-fazer sociais. O enfoque do autor situa-se predominantemente com relação ao uso da noção de competências no campo da formação profissional.

A competência implica, portanto, a mobilização de recursos. Mas o que os autores estão compreendendo como *recursos a serem mobilizados*? Segundo Perrenoud, trata-se de conhecimentos processuais ou procedimentais; de saberes oriundos da experiência ou de lembranças mais ou menos vagas que se referem ao que se faz ou ao que se viu fazer em situações comparáveis; de saberes teóricos para mobilizar ou constituir um problema, os processos envolvidos e as estratégias disponíveis nesse processo; de saberes metodológicos e que propiciem hipóteses para ordenar as questões, memorizar, comparar hipóteses, complementar e verificar dados etc.; saberes que orientem a busca de informações, de conselhos, de ajuda, em bases de dados ou no ambiente mais ou menos próximo; enfim todos os saberes táticos e organizacionais (Perrenoud, 2002).

A noção de competências envolve, portanto, os dois processos mencionados: a transferência de conhecimentos e a mobilização de recursos. A competência é a expressão externa dos recursos de que se dispõe e está relacionada à ação, ou, dito de outro modo, a competência é uma construção social que conduz a uma dimensão subjetiva (mobilização de saberes e de recursos) e a uma dimensão social (ação, desempenho, *performance*).

Segundo Perrenoud (2000a), a noção de competência designa uma *capacidade de mobilizar diversos recursos cognitivos para enfrentar um tipo de situação*, o que implica reconhecer que:

1. As competências não são elas mesmas saberes, *savoir-faire* ou atitudes, mas mobilizam, integram e orquestram tais *recursos*.

2. Essa mobilização só é pertinente em *situação*, sendo cada situação singular, mesmo que se possa tratá-la em analogia com outras, já encontradas.

3. O exercício da competência passa por operações mentais complexas, subentendidas por *esquemas de pensamento* que permitem determinar (mais ou menos conscientemente e rapidamente) e realizar (de modo mais ou menos eficaz) uma ação relativamente adaptada à situação (Perrenoud, 2000a: 15).

A competência, segundo Perrenoud, é sempre construída socialmente, constrói-se na prática em situações de interação ao desenvolver os *esquemas* que possibilitam que os conhecimentos sejam contextualizados. A noção de esquemas é problematizada pelo autor tomando por base sua explicitação em Piaget e na teoria do *habitus* de Bourdieu. O conceito de *esquemas* em Piaget é relacionado à noção de competência por entender que, mesmo que se trate de uma estrutura invariante, ela não conduz à mera repetição de ações, mas permite "enfrentar uma variedade de situações de estrutura igual".

De modo semelhante, o conceito de *habitus* desenvolvido por Bourdieu é utilizado, pois também relacionaria uma disposição subjetiva a uma condição de colocar em prática os recursos cognitivos de que se dispõe. Segundo Perrenoud, a idéia de *habitus* como "um pequeno lote de esquemas que permitem gerar uma infinidade de práticas adaptadas a situações sempre renovadas, sem jamais se constituir em princípios explícitos" (Bourdieu apud Perrenoud, 1999: 24) evidencia que as competências resultam da mobilização de conhecimentos que esses esquemas permitem realizar.

O conceito de *habitus* pode ser compreendido como "esquemas estruturados de percepção, pensamento, ação, formados a partir dos modos de viver e de pensar das diferentes classes sociais, e que se traduzem por predisposições ou disposições duráveis em direção à ação" (Nogueira apud Catani, 2002). Bourdieu faz menção, pela primeira vez, a essa noção em *A reprodução* e a rediscute amplamente em *Esquisse d'une théorie de la pratique*, de 1972 (Catani, 2002). Interessante notar que, para Bourdieu, o *habitus* é sempre o resultado da relação entre indivíduo e sociedade, ambos marcados pela condição de classe social.

De acordo com Bourdieu, *habitus* são aquelas disposições subjetivas que se formam pela mediação das relações sociais, marcadas por sua condição de classe. Referem-se ao gosto, ao conhecimento e ao comportamento inscritos no "esquema de corpo e nos esquemas do pensamento". O *habitus*, para Bourdieu, se constitui pelas compe-

CURRÍCULO E COMPETÊNCIAS

tências que foram internalizadas e pelo conjunto de necessidades que representa o elo mediador entre estruturas, prática social e reprodução.

Com base no conceito de *habitus*, Perrenoud (2001a: 158) argumenta que toda ação complexa recorre a conhecimentos, que, atrelados a velhas e novas experiências, formam um novo extrato de *habitus* que tem sua gênese definida pelas sucessivas experiências vivenciadas, produtoras das competências.

A noção de competências é apresentada por Perrenoud como uma possibilidade nova de enfrentar os problemas da educação e seria resultado de um ensino voltado para o exercício da transferência de conhecimentos. Mas, em que medida a idéia de transferência é realmente nova? Bruner (1987) lembra que no final do século XIX e início do século XX, já estava posta a discussão das finalidades dos saberes escolares, e se eles se destinavam a uma compreensão geral desses saberes ou ao desenvolvimento de habilidades específicas. Inserida no interior dessa discussão está a questão da *transferência*,[3] isto é, se é possível "transferir o domínio adquirido em uma atividade particular de aprendizagem para outras" (Bruner, 1987: 5).

Segundo Bruner (1987: 5), a transferência passa a ser compreendida como algo desejável e como uma possibilidade mediante uma "aprendizagem adequada, a tal ponto que aprender de maneira apropriada sob condições ótimas leve a 'aprender como aprender'".

O "aprender a aprender" constitui-se em um dos princípios pedagógicos vinculados às pedagogias ativas. A noção de competência, na perspectiva colocada por Perrenoud, aproxima-se, também, das propostas das escolas ativas, que são tomadas por ele como uma referência importante que precisa ser recontextualizada e redimensionada. Conforme suas palavras:

---

3. A questão da *transferência* na aprendizagem escolar é discutida por Thorndike, já no início do século XX. Antes dele, Willian James, em 1890, submeteu-se a si próprio, juntamente com quatro de seus alunos a experimentos sobre transferência e capacidade de memorização. Thorndike e Woodworth, no entanto, propuseram-se a um refinamento metodológico acerca da investigação sobre processos de transferência, pela via da análise experimental.

Entre os professores que lutam contra o fracasso escolar e as desigualdades, encontramos inúmeros partidários das novas pedagogias. Aqui me limitarei às que se referem à escola ativa, moderna ou nova[4] (...) À primeira vista, a adesão aos princípios da escola ativa parece ser conciliável com a luta contra o fracasso escolar, na medida em que as novas pedagogias enfatizam a criança, seu projeto, sua experiência, sua "vivência", sua atividade pessoal na apropriação e na construção dos saberes. No entanto, eu não descartaria a hipótese segundo a qual as pedagogias ativas, mesmo quando animadas por um desejo de democratização do ensino, podem criar novas distâncias entre as escolas e as classes populares ou as classes médias tradicionais. Pelos valores que elas fomentam — autonomia, desabrochar etc. —, pela pouca visibilidade e pelo caráter flexível de suas regras, pela sua recusa da avaliação, pelo seu relativismo epistemológico, pela relação desinteressada com o saber que elas privilegiam, por sua centralização na criança, pelo valor que atribuem ao jogo e ao prazer, pelo destaque que dão às aprendizagens fundamentais, as pedagogias ativas talvez criem novas desigualdades (Perrenoud, 2001a: 117).

Essa hipótese é discutida por Perrenoud com o fim de problematizar os efeitos de pressupostos e métodos das escolas ativas sobre as tentativas de superação do fracasso escolar. Nesse sentido, sua análise se ocupa menos de discutir as proposições de seus "fundadores" e mais do significado que adquirem entre os professores que têm absorvido suas proposições. Revela, então, com base em uma pesquisa de que se ocupou, dentre outras coisas, do *sentido do trabalho escolar*, que se evidencia uma possível contradição entre o projeto social e pedagógico da escola ativa e seus efeitos concretos, entre suas intenções democratizantes e seus efeitos reais, pois há uma distância entre

---

4. Dado o caráter impreciso da expressão *pedagogias ativas*, Perrenoud (2001a) as designa como "as práticas que se inspiram de alguma forma em 'pais fundadores' tão diversos quanto Freinet, Decroly, Ferrière, Montessori, Dewey, Bovet, Claparéde ou, mais recentemente, Dottrens, Neil, Piaget, Steiner, Rogers, Hameline, Ferry, Oury ou em outros partidários das pedagogias 'modernas', 'ativas', 'não-direcionadas', 'cooperativas' ou 'institucionais'".

a cultura familiar e o currículo real que reforça a seleção, e com ela, o fracasso escolar.

Como se situaria, então, o enfoque das competências no currículo? Por que ele seria portador, mais do que qualquer pedagogia ativa, de enfrentar o problema do fracasso escolar? Segundo Perrenoud, porque um currículo que busca construir competências leva necessariamente a repensar o trabalho escolar em seu conjunto, o que implicaria rever os processos de transposição didática,[5] redimensionar os tempos e os saberes, criar novas formas de avaliação, diferenciar o ensino e redirecionar a formação dos docentes, o que pressupõe tanto uma mudança de pensamento como uma vontade política (Perrenoud, 1999).

4.3. Implicações do currículo por competências para o trabalho pedagógico

A principal razão alegada por Philippe Perrenoud para que a escola se guie pelo desenvolvimento de competências diz respeito à necessidade de superação do fracasso escolar. Este se deve, segundo ele, principalmente ao fato de que a escola não propicia a transferência de conhecimentos. Seria preciso, portanto, mudar o modo com que se planeja, se ensina e se avalia o trabalho escolar.

Perrenoud demarca as mudanças necessárias na escola em torno do currículo que visa à construção de competências nos seguintes termos, principalmente: é preciso rever os programas escolares à luz de uma abordagem por competências; é preciso mudar a relação dos professores com o saber, o que traz implicações para o ofício docente. Vejamos brevemente cada um desses itens.

---

5. A transposição didática, segundo Perrenoud, é *"a sucessão de transformações* que fazem passar da cultura vigente em uma sociedade (conhecimentos, práticas, valores etc.) ao que dela se conserva nos objetivos e programas da escola e, a seguir, ao que dela resta nos conteúdos efetivos do ensino e do trabalho escolar e, finalmente — no melhor dos casos — ao que se constrói na mente dos alunos" (1999: 73).

A mudança nos programas escolares implica que, primeiramente, a escola reconheça que toda competência está fundamentalmente relacionada a uma *prática social*. Isto coloca a difícil questão de se definir quais competências deverão ser desenvolvidas e que recursos elas mobilizarão. Em resposta a essa questão, Perrenoud aponta duas possibilidades: que se enfatizem competên*cias transversais*, ou que se prefigure na escola a implementação de competências como se se estivesse em situações reais de vida.

Segundo o autor, a definição de competências transversais ou mesmo a transposição didática a partir das práticas sociais se constituem em problema e trazem limites para a ação pedagógica. A busca de competências transversais implicaria organizar os saberes escolares de forma pluri, inter ou transdisciplinar. Isto por si só se constitui em problema em face da cultura escolar dominante, como também encontra resistências. Perrenoud assevera ainda que "a insistência exclusiva sobre o transversal — no sentido de interdisciplinar ou não-disciplinar — empobrece consideravelmente a abordagem por competências" e que esta "nada tem a ver com uma dissolução das disciplinas em uma confusa 'sopa transversal'", e que, de qualquer modo, "isto não nos exime de interrogar os limites e as intersecções das disciplinas" (1999: 41).

A sugestão do autor para enfrentar essas dificuldades passa por dialogar com algumas hipóteses. Se a definição dos propósitos da escolarização implica o desenvolvimento de competências referidas a situações reais de vida, é preciso aventar as hipóteses de que *há situações cujo domínio encontra seus recursos, essencialmente, em uma única disciplina; há situações cujo domínio encontra seus recursos em várias disciplinas identificáveis; existem situações cujo domínio não passam por nenhum conhecimento disciplinar*. Além disso, observa o autor, "pouco se sabe sobre a mobilização de conhecimentos disciplinares nas situações de vida" (Perrenoud, 1999: 42-43).

A segunda possibilidade aventada, tendo em vista a construção de um currículo numa abordagem por competências, é a da transposição didática a partir das práticas sociais. Para Perrenoud, ela é problemática dada a pouca probabilidade de se chegar a um conjunto de competências que corresponda a situações reais da vida e que não esteja intimamente marcada pela visão de mundo de quem as definiu. Como observa o autor, a definição de uma lista de competências a ser desenvolvida pela escola básica é diferente em seus propósitos e possibilidades quanto se trata da educação profissional. Quem poderia definir com segurança, e da forma o menos arbitrária possível, quais seriam as práticas sociais de referência? Da mesma forma, quem faria as transposições didáticas tendo em vista estabelecer os vínculos entre as práticas sociais e as práticas pedagógicas? Estas indagações podem ser respondidas segundo duas perspectivas:

> — Os professores adeptos da idéia de competência assumem tremendas responsabilidades na escolha das práticas sociais de referência e investem nelas sua própria visão de sociedade, cultura e ação, ainda mais à medida que transmitem conhecimentos.
>
> — Os professores que não se interessam por essa abordagem, que não desejam nem podem fazer esse trabalho de transposição a partir das práticas sociais, irão desprezá-la e ficarão limitados a competências disciplinares consagradas (Perrenoud, 1999: 39).

A análise feita por Perrenoud leva a concluir que a definição de uma *lista* de competências para a escola básica conduz ao risco de se proceder a generalizações e tornar as competências tão abstratas que iriam distanciando-se cada vez mais das práticas sociais e não seriam, então, portadoras do sentido que lhes deram origem. Ou ainda, correr-se-ia o risco de se *cair na armadilha da lista exaustiva*. Uma possibilidade de se enfrentar estes dilemas seria o da escola responder que tipo de seres humanos quer formar, mas somente isto não resolve as dificuldades aventadas anteriormente.

Uma outra ordem de problemas, quando se trata de organizar as atividades da escola tendo em vista a construção de competências, diz respeito a se isto se resumiria ou não à elaboração de programas curriculares. Ou, como questiona Perrenoud: *Será que programas escritos em termos de competências podem transformar o ensino*? É evidente que a resposta para esta questão é negativa, e ainda acrescenta: "Em particular quando se apresentam como a pálida imitação dos programas nacionais, em que estava uma lista de conhecimentos a serem ensinados, descobre-se uma lista de 'capacidades gerais' ou de elementos de competências a serem trabalhados" (Perrenoud, 1999: 47).

Se não se trata, portanto, de prescrever competências pura e simplesmente, do que se trata então? Segundo Perrenoud, há uma ordem de mudanças que precisa ocorrer na escola se esta quiser dar respostas aos problemas do fracasso escolar e à dificuldade em promover a transferência do conhecimento. Estas mudanças dizem respeito às profundas alterações que devem ocorrer em termos das relações do professor com o saber.[6] Recorrendo a Philippe Meirieu,[7] acrescenta: "estamos diante de um ofício novo cuja meta é antes *fazer aprender do que ensinar*" (grifos meus).

As mudanças na relação com o saber implicam tomá-la como a "relação de um sujeito com o mundo, com ele mesmo e com os outros. É relação com o mundo como *conjunto de significados*, mas, também, como *espaço de atividades*, e se inscreve no *tempo*" (Charlot, 2000; grifos do autor).

A relação com o mundo é relação com o saber que se evidencia pelo acesso aos significados, ao simbólico, especialmente por meio da linguagem, que permite as relações entre os diferentes sujeitos e entre

---

6. A questão da relação com o saber como causa do fracasso escolar é trabalhada pelo autor francês Bernard Charlot em obra com publicação em português intitulada *Da relação com o saber. Elementos para uma teoria* (Porto Alegre: Artmed, 2000). Trata-se de uma análise na qual o autor situa o fracasso escolar como um 'objeto de pesquisa inencontrável', e, após empreender a um mapeamento das "teorias do fracasso", explicita a tese de que a relação com o saber se constitui em um objeto de pesquisa que permite estudar o fracasso escolar.

7. Meirieu é outro autor com o qual Perrenoud trava constantes diálogos. Atribui principalmente a ele a orientação de que o trabalho pedagógico se organize por situações-problema. Meirieu tem publicado no Brasil, dentre outros, o livro *Aprender, sim...mas como?* Artmed.

o sujeito com ele mesmo. A relação com o saber se define, então, como relação entre o homem e os sistemas simbólicos partilhados.

No entanto, a relação dos homens com o mundo está marcada pela exterioridade de um e de outro, uma vez que mundo e sujeito não se confundem. Nessa relação estão implicadas as atividades do sujeito sobre o mundo, isto é, as atividades que o homem exerce com vistas a apropriar-se do mundo e que resulta na transformação de um e de outro. A relação com o saber é demarcada, portanto, também pela constituição do mundo como um espaço de atividades.

A terceira dimensão constitutiva da relação com o saber é o *tempo*. O processo segundo o qual o homem se inscreve numa rede de relações está circunstanciado também pelos tempos da história e do próprio sujeito.

A questão da relação com o saber foi também discutida por Bourdieu em *A escola conservadora*. Segundo Nogueira e Catani (apud Catani, 2002), essa é uma discussão central na teoria de Bourdieu sobre a escola, pois para ele essa relação traz implicações cruciais no que se refere à diferenciação social:

> Os educandos oriundos de famílias desprovidas de capital cultural apresentarão uma relação com as obras de cultura veiculadas pela escola que tende a ser interessada, laboriosa, tensa, esforçada, enquanto para os indivíduos originários de meios culturalmente privilegiados essa relação está marcada pelo diletantismo, desenvoltura, elegância, facilidade verbal "natural". Ao avaliar o desempenho dos alunos, a escola leva em conta, sobretudo (conscientemente ou não), esse modo de aquisição (e uso) do saber — em outros termos, essa relação com o saber (Nogueira e Catani apud Catani, 2002).

Dos distintos modos de constituição da relação com o saber, Perrenoud infere que, quanto ao trabalho docente, as proposições de Charlot levariam a uma profunda alteração nos modos pelos quais os professores se relacionam com os conhecimentos que *ensinam*, mas também com os próprios *saberes que desenvolvem ao ensinar*, saberes *pedagógicos* que compõem a dinâmica de produção da competência profissional do educador. As mudanças na formação e nas práticas dos professores constituem-se, assim, na segunda possibilidade/necessidade se o que se deseja é partir em direção a uma abordagem por competências no currículo.

O deslocamento do *ensino* para a *aprendizagem* seria outra transformação necessária no ofício docente e se constitui em uma idéia recorrente na obra de Perrenoud. Segundo ele, somente assim é que se poderia falar em uma abordagem curricular por competências. Esse deslocamento se traduz em dirigir o foco *para o aluno* no contexto de uma pedagogia diferenciada e ativa.

As implicações pedagógicas decorrentes desse movimento devem conduzir a reflexão sobre as práticas escolares de modo a repensar o fazer pedagógico e transformá-lo em muitos de seus aspectos constitutivos, por exemplo: considerar os conhecimentos como recursos a serem mobilizados; trabalhar regularmente com situações-problema; diversificar os meios de ensino; discutir e conduzir projetos com os alunos; adotar um planejamento flexível e indicativo; praticar uma avaliação formativa; encaminhar-se para uma menor compartimentação disciplinar (Perrenoud, 1999).

Muitas dessas recomendações não são novas. Fazem parte do universo de preocupações de pedagogos e professores há muito tempo. É interessante observar que pressupostos e métodos de uma pedagogia das competências, como pensada por Perrenoud, inserem-se em um discurso educacional que vem sendo construído nos últimos anos e que clama para si um caráter crítico. É o caso, por exemplo, da perspectiva de um planejamento flexível que leve em conta o processo dinâmico em que ocorre o ensino e a aprendizagem; de uma avaliação formativa que se constitua não como mecanismo de controle e sim como fator de acompanhamento da ação pedagógica; de um enfoque interdisciplinar na organização dos saberes que contribua para uma relação mais autônoma e crítica diante do conhecimento; e da diversificação dos métodos com o fim de propiciar uma interação com

CURRÍCULO E COMPETÊNCIAS

o conhecimento de maneira mais criativa e prazerosa. Outras das prescrições anteriores são disseminadas mais recentemente, como é o caso da pedagogia por projetos, que está no cerne de um enfoque por competências, segundo Perrenoud.[8]

Ainda que muitas das recomendações anteriores sejam conhecidas do discurso pedagógico, há, no entanto, uma diferença quando são propostas em função da abordagem por competências. Essa diferença está na idéia de que a transferência de conhecimentos e a mobilização de recursos não ocorrem ao acaso, daí o imperativo de *se considerar os conhecimentos como recursos a serem mobilizados.* Para Perrenoud, muitos dos conhecimentos são ensinados fora de um contexto de ação ou são ensinados para uma ação longínqua, o que faz com que eles não façam sentido para os alunos. Os alunos acumulam saberes, passam nos exames, mas não conseguem mobilizar o que aprenderam em situações reais (Perrenoud, 2000d).

Seria função da escola, então, exercitar a transferência e a mobilização das capacidades e dos conhecimentos, seja por meio das disciplinas, seja por meio de atividades interdisciplinares que coloquem os alunos diante de *situações-problema* que os levem à mobilização dos recursos de que dispõem. Segundo as palavras de Perrenoud:

> Um "simples erudito", incapaz de mobilizar com discernimento seus conhecimentos diante de uma situação complexa, que exija uma ação rápida, não será mais útil do que um ignorante. Uma abordagem por competências determina o lugar dos conhecimentos — eruditos ou não — na ação: eles constituem recursos, freqüentemente determinantes, para identificar e resolver problemas, para preparar e para tomar decisões (Perrenoud, 1999: 53).

Essa postura diante do conhecimento coloca o autor diante de umas das críticas que insurgem com relação ao emprego da noção de

---

8. A esse respeito o autor menciona a obra, com tradução em Português, intitulada *Antropologia do projeto,* de Jean Pierre Boutinet (Artmed, 2002).

competências por ele demarcado. Essa crítica diz respeito ao caráter utilitarista que impetra ao conhecimento e, como decorrência, à negação de saberes circunscritos a uma dimensão de uso não imediatista. Segundo Perrenoud, não faz sentido ensinar um conhecimento que não se vincule diretamente à vida. Por essa razão, postula que dentre as mudanças identitárias que devem ocorrer nos professores esteja a de "não considerar uma relação pragmática com o saber como uma relação menor" (Perrenoud, 1999: 55).

4.4. A abordagem do currículo por competências: aderir ou resistir?

"A palavra competências não é uma palavra erudita, faz parte da linguagem comum, cotidiana. Esta familiaridade, no entanto, é enganosa. Falar em competências implica em mobilizar uma teoria da mente, uma teoria do sujeito, uma teoria do conhecimento, e estas não são objeto de consenso. No entanto, devemos aceitar as incertezas do debate, dos desafios filosóficos." Desse modo, Perrenoud anuncia a maneira pela qual enxerga a polêmica em torno das proposições de um enfoque curricular por competências (Perrenoud, 2002).

Alguns desses pontos polêmicos são discutidos pelo próprio autor e seus argumentos merecem ser considerados. O primeiro deles diz respeito a ser ou não o enfoque das competências um mero efeito de moda. Perrenoud está convencido de que a abordagem por competências, se seguida de um processo sistemático de mudanças nas políticas e nas práticas educacionais, constitui-se, de fato, em resposta decisiva ao fracasso escolar.

É preciso reconhecer, no entanto, os limites da asserção do autor. O fracasso escolar não se deve somente a dificuldades da organização do trabalho pedagógico na escola, mas está associado também a um conjunto de condições socioculturais. Há uma relação complexa entre muitos fatores dos quais resulta o fracasso escolar e superá-lo passa por reconhecer que a escola é uma instituição sociocultural que

CURRÍCULO E COMPETÊNCIAS

(...) está organizada e pautada por valores, concepções e expectativas. Está perpassada por relações sociais na organização do trabalho e da produção. Em outros termos, os alunos, os mestres, a direção, os pais e as comunidades não são meros recursos e materiais. São sujeitos históricos e culturais. A própria instituição escolar é um produto histórico, cultural, e age e interage numa trama de complexos processos socioculturais (Arroyo, 1997: 16).

O fracasso escolar é produto do entrelaçamento de uma multiplicidade de fatores, externos e internos à escola, e precisa ser compreendido nessa dinâmica. Não há como negar que há uma *cultura da exclusão* posta *no* e *pelo* sistema escolar, viabilizada, inclusive, por uma estrutura curricular que prioriza o domínio sistemático de um conjunto de saberes disciplinares, organizados em ordem crescente e linear de complexidade, que muitas vezes contraria até mesmo as condições de aprendizagem e de ensino. Mas essa cultura da exclusão possui também a marca do preconceito e da discriminação, bem como do desfavorecimento econômico em relação às condições de permanência na escola, dentre outros fatores.

Uma outra crítica dirigida ao enfoque das competências no currículo refere-se à sua vinculação ao "mercado de trabalho" e à tese decorrente de que a escola estaria estreitamente a serviço da economia. Essa crítica não passa despercebida por Perrenoud, que a ela responde da seguinte forma: as competências "podem responder a uma demanda social dirigida para a adaptação ao mercado e às mudanças e também podem fornecer os meios para apreender a realidade e não ficar indefeso nas relações sociais. Procuremos aqui nos equilibrar entre um otimismo beato e um negativismo de princípio". (1999: 32).

Mas, efeito de moda ou não, é possível constatar um movimento em direção à produção de uma *lógica das competências*[9] que tem-se cons-

---

9. Lucília Machado faz uma distinção entre "noção de competência" e uma "lógica das competências" que estaria sendo institucionalizada, relacionada ao contexto de generalização do crescimento do desemprego estrutural, ao rebaixamento da produção social, ao racismo, à

tituído em sustentáculo das reformas educacionais em vários países. Os alcances desse movimento, os impactos que podem produzir sobre a organização das escolas, seus limites e possibilidades, somente serão dimensionados, porém, por meio de pesquisas que tomem por objeto as alterações ocorridas nas práticas cotidianas das escolas, em suas escolhas, encaminhamentos, modos de pensar e de fazer, mudanças ocorridas, enfim, na própria cultura escolar. Discutir seus pressupostos e a direção que apontam é, no entanto, mais do que necessário para que não se incorra numa adesão cega ou numa resistência fruto da ignorância.

É possível identificar, por exemplo, uma proximidade entre a noção de competências proposta por Perrenoud e o modelo de competência tomado como referência para a organização dos currículos da formação profissional. As estratégias metodológicas de um referencial de competências no campo da formação para o trabalho implicariam um ensino voltado para a resolução de problemas e a individualização dos percursos de formação. Estes se apresentaram também como requisitos de uma abordagem por competências no currículo, para Perrenoud. No entanto, se as estratégias se assemelham, os argumentos em defesa de um currículo por competências, bem como as finalidades da formação, se distanciam.

Um outro ponto polêmico que tem estado no cerne da abordagem das competências no campo do currículo diz respeito à relação entre saberes e competências. Nesse sentido, indaga-se: construir competências é negar os saberes? Em resposta a essa questão, Perrenoud sustenta que a oposição entre saberes e competências tem fundamento, mas é ao mesmo tempo injustificada:

> (...) tem fundamento, porque não se pode desenvolver competências na escola sem limitar o tempo destinado à pura assimilação de saberes, nem sem questionar sua organização em disciplinas fechadas;

---

homogeneização ideológica, dentre outros fatores. Segundo ela, convocam-se às mudanças educacionais para se fazer adaptações à crise do trabalho e às mudanças que ela gera (Machado, 2002).

CURRÍCULO E COMPETÊNCIAS

(...) é injustificada porque a maioria das competências mobiliza certos saberes, ou seja, desenvolver competências não implica virar as costas aos saberes, ao contrário (Perrenoud, 2000c).

O autor argumenta que competência mobiliza saberes, que possibilita a transferência de conhecimentos, e que esse processo não ocorre de maneira automática, mas "adquire-se por meio do exercício de uma prática reflexiva, em situações que possibilitam mobilizar saberes, transpô-los, combiná-los, inventar uma estratégia original a partir de recursos que não a contém e não a ditam". E que "freqüentemente, as noções fundamentais foram estudadas na escola, mas fora de qualquer contexto. Permanecem então 'letras mortas', tais como capitais imobilizados por não se saber investir neles conscientemente". Desenvolver competências na escola torna-se necessário, então, para se "relacionar constantemente os saberes e sua operacionalização em situações complexas" (Perrenoud, 2000c).

As justificativas de Perrenoud para as mudanças na orientação curricular devem-se, como visto, à tentativa de enfrentamento do fracasso escolar, o que, na compreensão do autor, seria possível mediante a diferenciação e a individualização dos percursos de formação pela incorporação da noção de competências.[10] Nessa direção, seus argumentos sugerem que esteja associando o currículo organizado com base em competências a um ensino centrado no *significado*, bem como nas relações entre saber científico e saberes do cotidiano. No entanto, quando se refere à prática pedagógica, além da busca de sentido para os saberes, o autor propõe que os alunos sejam *treinados* na mobilização desses saberes. Conforme suas palavras: "A maioria dos conhecimentos acumulados na escola permanece inútil na vida cotidiana, não

---

10. O mérito das contribuições de Perrenoud para pensar o currículo escolar reside justamente nas preocupações em torno do fracasso escolar e da proposição de uma pedagogia diferenciada. No entanto, ao associar tal pedagogia à noção de competências, ele recai nos limites que essa noção impõe, e não ultrapassa, assim, uma dimensão eficienticista e instrumental de organização curricular.

porque careça de pertinência, mas porque os alunos *não treinaram para utilizá-los em situações concretas"* (Perrenoud, 2000c).

A oposição entre saberes e competências parece ser, de fato, uma falsa polêmica — é possível concordar com Perrenoud nesse sentido. No entanto, centrar o desenvolvimento de competências numa questão de *treinamento, para que os conhecimentos sejam utilizados em situações relativas a uma prática imediata,* tem como resultado a limitação das finalidades para as quais se oportuniza o acesso a uma multiplicidade de conhecimentos, das mais variadas origens e campos do saber, dentro e fora da escola. Além disso, será que treinar os alunos na mobilização de saberes não toma da escola o papel de conduzi-los à reflexão e à crítica, fundamentais em um processo formativo que visa à emancipação do pensamento? A esse respeito, Pacheco (2001) pondera:

> Todo o conhecimento escolar passa a funcionar na base de um código disciplinar, para utilizar a linguagem de Bernstein, que é a assunção de uma racionalidade técnica que se desprende cada vez mais da mera aquisição de idéias. O conhecimento que é agora contextualizado em comportamentos esperados, em propósitos predeterminados e em conjuntos de saber-fazer, implica o domínio de habilidades e de níveis de desempenho. Deste modo, 'o conhecimento é mais performativo do que declarativo, não constitui um sistema de enunciados relativos a estados de coisas e às suas condições, mas exprime-se por repertórios de saber-fazer que se escoram em outros tantos poder-fazer: é simultaneamente técnico e social'. (Pacheco, 2001).

Qual o sentido que deveria ter uma experiência genuinamente formativa? Evidentemente, ela não deve confundir-se com o experimento em sentido positivista, nem mesmo no simples exercício pela repetição que, no limite, conduz a um aprendizado de caráter mecânico. T. W. Adorno (1995) discute o sentido da experiência para a formação humana e mostra que ela torna-se ato da formação somente quando ultrapassa a simples repetição, o mero treinamento, o exerci-

CURRÍCULO E COMPETÊNCIAS

tar-se com vistas à aplicação imediata de conceitos. A experiência somente pode converter-se em elemento genuíno da formação humana quando adquirir a condição de ser mediadora para a auto-reflexão, para a análise e para a crítica.

Maar (1995b), tendo por referência o sentido que adquire o processo de formação em Adorno, compreende a experiência como aquele momento que "permite aprender pela via mediada da elaboração do processo formativo", e isso implica reconhecer que:

> (...) o conteúdo da experiência formativa não se esgota na relação formal do conhecimento — das ciências naturais, por exemplo — mas implica uma transformação do sujeito no curso do seu contato transformador com o objeto na realidade. Para isto se exige tempo de mediação e continuidade, em oposição ao imediatismo e fragmentação da racionalidade formal coisificada (Maar, 1995b: 25).

A experiência, em um sentido emancipatório, deve ser aquela que possibilita o contato com o objeto, que permite o confronto entre a realidade e o conceito, que conduz, enfim, à reflexão e à autonomia de pensamento. Não pode estar limitada a "uma objetivação apenas formal da razão", pela qual se perde a "capacidade de experimentar o objeto como algo que não é meramente objeto de dominação" (Maar, 1995b, 27).

A experiência formativa não se restringe, portanto, a um saberfazer que tenha como meta dar respostas imediatas às demandas postas pelo cotidiano. Tampouco é propiciada pela escola por meio de procedimentos metodológicos assentados numa lógica behaviorista que toma a aprendizagem como mero exercício de dar respostas a estímulos previamente calculados.

Se se reconhece que a escola deve ser um lugar no qual se oportunizem experiências de fato formadoras, faz-se necessário repensar muitas de suas práticas, desde a definição das intenções de formação, que em geral têm tido como determinantes mais as razões postas por mudanças, sobretudo, econômicas e menos as necessidades postas pelos indivíduos reais e historicamente situados aos quais se permita, pela mediação da cultura, adaptar-se e ao mesmo tempo diferenciar-se em relação à sociedade.

Por se fundamentar, também, na perspectiva piagetiana, a abordagem do currículo por competências proposta por Perrenoud delega aos aspectos subjetivos dos alunos uma ênfase excessiva que, agravada pela ausência de uma dimensão sociocultural da aprendizagem e da construção do conhecimento, "evidencia um conceito de homem como ser natural e biológico voltado para si e para sua sobrevivência independente dos outros" (Ramos, 2001). Nesse sentido, o enfoque das competências no currículo aproxima-se das teorias da competência[11] e, logo, dos limites que Bernstein imputa a elas. Isso é especialmente pertinente no que se refere à não-explicitação da cultura como fator fundamental de diferenciação e da interação que os indivíduos estabelecem com o mundo, sempre mediadas pelas relações de poder. Quando Perrenoud demarca os pressupostos da pedagogia diferenciada, por exemplo, assevera que se deve proceder à individualização dos percursos de formação, para que não se seja *indiferente às diferenças*. No entanto, a que se deve a *diferença*? Essa é uma questão menos explícita em seus escritos, o que nos leva a perguntar se ele atribui a diferenciação a uma dimensão cultural, ou a dimensões biológicas, ou ainda a dimensões subjetivas, particulares, que cada um portaria, sejam ou não resultado da relação com um outro culturalmente específico.

Mesmo com a asserção de que "diferenciar é enfrentar com freqüência uma certa distância cultural" (Perrenoud, 2001a), não é possível afirmar que a perspectiva da cultura como elemento fundante da diferenciação individual esteja na base de suas proposições, ainda que concordemos que a indiferença às diferenças tem reforçado práticas pedagógicas que padronizam e massificam o fazer pedagógico e

---

11. Perrenoud rechaça a abordagem chomskiana da competência, no entanto, Piaget e Lévi-Strauss são referências importantes explicitadas em vários momentos de seus escritos.

produzem o *sucesso* de alguns e o *fracasso* de outros e que essas práticas instituem processos de exclusão, de discriminação e preconceito.

A cultura entendida como aquilo que, de acordo com Adorno, permite a diferenciação individual, levaria a considerar todo e qualquer processo de significação um processo culturalmente produzido e, por essa razão, instável, não sujeito a predeterminações. Desse modo, invalidar-se-ia toda e qualquer tentativa de prescrever competências.

5

A reforma curricular e a noção de competências: a formação administrada

> *Um mundo como o de hoje, no qual a técnica ocupa uma posição-chave, produz pessoas tecnológicas (...) na relação atual com a técnica há algo excessivo, irracional, patógeno* (T. W. Adorno, 1996).

5.1. A noção de competências no quadro da reforma curricular do Ensino Médio: primeiros enunciados e enunciadores

A reforma educacional implementada ao longo das duas últimas décadas no Brasil tem suas raízes fincadas na Conferência Mundial de Educação para Todos, realizada em Jontiem — Tailândia, em março de 1990, da qual resultou, no país, o Plano Decenal de Educação para Todos (1993-2003). Essa Conferência, convocada pela UNESCO, pelo UNICEF, pelo Programa das Nações Unidas para o Desenvolvimento (PNUD) e pelo Banco Mundial, contou com a presença de 155 países e traçou os rumos que deveria tomar a educação nos países classificados como *E-9* — os nove países com os piores indicadores educacionais do mundo, dentre os quais, ao lado do Brasil, figura-

CURRÍCULO E COMPETÊNCIAS

vam Bangladesh, China, Egito, Índia, Indonésia, México, Nigéria e Paquistão.

Dentre as prioridades traçadas na Declaração Mundial de Educação para Todos (*Education for All* — *EFA*), consolidada em Jontiem e que tem no Brasil um de seus signatários, estão a redução das taxas de analfabetismo e a universalização do ensino básico. Nessa Declaração, explicita-se o conceito de "Necessidades Básicas de Aprendizagem — NEBAS", que compreendem

> Tanto os instrumentos essenciais para a aprendizagem (como a leitura e a escrita, a expressão oral, o cálculo e a solução de problemas), quanto os conteúdos básicos de aprendizagem (como conhecimentos, habilidades, valores e atitudes) necessários para que os seres humanos possam sobreviver, desenvolver plenamente suas potencialidades, viver e trabalhar com dignidade, participar plenamente do desenvolvimento, melhorar a qualidade de vida, tomar decisões fundamentais e continuar aprendendo.

Em concordância com as proposições de Jontiem, o governo brasileiro, sob a presidência de Itamar Franco, e em meio às discussões sobre a nova Lei de Diretrizes e Bases da Educação, encaminhou, para apreciação e desdobramentos, pelas escolas, o Plano Decenal de Educação para Todos, elaborado sob orientação do MEC,[1] com a participação do Conselho Nacional de Secretários Estaduais de Educação (CONSED) e da União Nacional dos Dirigentes Municipais de Educação (UNDIME). O roteiro sugerido compreendia discussões e propo-

---

1. Por meio da Portaria n. 489, de 18 de março de 1993, o Ministro da Educação, Murilio Hingel, instituiu a Comissão Especial encarregada da elaboração do Plano Decenal de Educação para Todos. Sob a coordenação da Secretaria de Educação Fundamental do Ministério, a referida comissão foi composta por um representante dessa Secretaria; um representante da Secretaria de Projetos Educacionais Especiais; um representante do Instituto Nacional de Estudos e Pesquisas Educacionais (INEP); um representante da Coordenação Geral de Planejamento Setorial; dois representantes do Conselho Nacional de Secretários de Educação (CONSED); e dois representantes da União Nacional dos Dirigentes Municipais de Educação (UNDIME).

sições sobre acesso à escola, sucesso escolar, aprendizagem, professores e profissionais do ensino, gestão, relacionamento com a comunidade, cidadania na escola e financiamento e gastos com a educação, que deveriam compor o Plano Decenal de Educação para cada unidade escolar e instâncias administrativas — secretarias estaduais e municipais de educação.

O Plano Decenal, tendo em vista responder às demandas sociais, ao Compromisso Nacional firmado na Semana Nacional de Educação para Todos (realizada em Brasília, entre 10 e 14 de maio de 1993) e aos acordos assumidos em âmbito internacional, determinou como finalidade da escola o cumprimento de um conjunto de objetivos gerais para o desenvolvimento da educação básica, dentre os quais:

> Satisfazer as necessidades básicas de aprendizagem das crianças, jovens e adultos, provendo-lhes as *competências fundamentais* requeridas para plena participação na vida econômica, social, política e cultural do País, especialmente as necessidades do mundo do trabalho (Brasil, Plano Decenal, 1993; grifo meu).

Ressalte-se que desde o seu início a reforma educacional inscreve o referencial de competências como modelo para a formação humana, bem como atrela essa formação à lógica posta pela economia, o que situaria a escola como instância privilegiada para atender às demandas de formação postas pelo mercado de trabalho.

As especificações de tal referencial definem "padrões de aprendizagem" capazes de garantir a aquisição, por todos, de *conteúdos* e *competências básicas*:

> — No domínio cognitivo: incluindo habilidades de comunicação e expressão oral e escrita, de cálculo e raciocínio lógico, estimulando a criatividade, a capacidade decisória, habilidade na identificação e solução de problemas e, em especial, de saber como aprender;
> — No domínio da sociabilidade: pelo desenvolvimento de atitudes responsáveis, de autodeterminação, de senso de respeito ao próximo e

CURRÍCULO E COMPETÊNCIAS

de domínio ético nas relações interpessoais e grupais (Brasil, Plano Decenal, 1993).

Com vistas a assegurar a consecução de tais objetivos, o Plano Decenal define linhas de ação estratégicas, dentre elas a fixação, por parte do Ministério da Educação, de conteúdos mínimos nacionais a serem complementados pelos diferentes sistemas de ensino, segundo suas identidades locais. Ao mesmo tempo, afirma a necessidade de que se empreendam pesquisas com o fim de "fundamentar avanços no âmbito das competências sociais, visando a enriquecer o processo curricular da escola" (Brasil, Plano Decenal, 1993).

Está aí o embrião dos Parâmetros e Diretrizes Curriculares Nacionais, bem como dos procedimentos de avaliação nacional.[2] Estes foram instituídos, em parte, com o fim de atender a exigências postas pelos organismos multilaterais de financiamento com os quais o país vinha estabelecendo parcerias para a viabilização de programas na área educacional.

A agenda traçada pelo Banco Mundial, por exemplo, inclui, dentre outras diretrizes, que se busque o uso mais racional dos recursos estipulando que um fator primordial para isso seja a autonomia das

---

2. Faz-se necessária uma observação quanto à produção dos documentos relativos à reforma curricular no que se refere à sua trajetória. A rigor, ela se inicia com os processos de avaliação, seguida pela elaboração dos Parâmetros Curriculares Nacionais (PCN) e das Diretrizes Curriculares Nacionais (DCN). A primeira versão do SAEB data do final dos anos 80. Os Parâmetros Curriculares Nacionais para o Ensino Médio começaram a ser elaborados na primeira metade dos anos 90 e, em 1997, encaminha-se uma primeira versão para apreciação do Conselho Nacional de Educação; chegam às escolas no ano de 1999. O Parecer n. 15/98 que estabelece as DCN para o Ensino Médio é elaborado pelo Conselho Nacional de Educação entre os anos de 1997 e 1998. No ano de 1998, realiza-se o primeiro ENEM. Há que se ressaltar a importância de cada uma dessas prescrições em virtude de sua destinação. Assim, os PCNEM assumem relevância, inclusive para o presente trabalho, por se tratar dos documentos que mais adentraram os espaços das escolas, tornando-se capazes, portanto, de gerar um novo discurso sobre o currículo. As DCNEM normatizam e instituem obrigatoriedade às proposições de mudança curricular. Os mecanismos de avaliação adquiriram expressiva importância, principalmente porque seus resultados foram sendo tomados como referência pelas escolas que passam a implementar mudanças em suas propostas pedagógicas orientadas pelo tipo de exigência que se apresentam nas provas.

instituições educacionais; recomenda que se dê especial atenção aos resultados, enfatizando a necessidade de que se implementem os sistemas de avaliação; reforça a idéia da busca da eficiência e que se oriente para a maior articulação entre os setores públicos e privados, tendo em vista ampliar a oferta da educação (Shiroma et al., 2000).

Um outro organismo que influenciou decisivamente os rumos da reforma foi a Comissão Econômica para a América Latina e Caribe (CEPAL), que, desde o início dos anos 90 afirmava a necessidade premente de adequação da educação escolar ao processo de reestruturação produtiva. Nessa direção, indicava que se investisse em educação tendo em vista reformar os sistemas de ensino e "adequá-los a ofertar os conhecimentos e habilidades específicas requeridas pelos sistemas produtivos". Essa orientação foi traçada no documento Transformatión Productiva com Equidad, de 1990. O pressuposto básico para se alcançar tal objetivo estava nas vinculações entre educação e conhecimento e tinha como objetivo produzir uma educação na qual se articulassem *cidadania* e *competitividade*,[3] pela introdução de critérios que se orientassem pela eqüidade e eficiência e por diretrizes como integração nacional e descentralização.

As preocupações em torno das mudanças na educação e a afirmação de sua centralidade foram alvo também da UNESCO. Esse

---

3. Cidadania e competitividade expressam a proximidade desejada entre a educação e a lógica do mercado. Argumentos em defesa dessa aproximação foram explicitados por uma expressiva figura no contexto da formulação dos dispositivos normativos da reforma curricular no Brasil, a Professora e Conselheira Guiomar Namo de Mello. Em seu livro *Cidadania e competitividade*, com primeira edição no ano de 1993, a autora evidencia, desde o início, sua compreensão acerca da educação escolar e de seu papel na sociedade. Afirma que as reformas educacionais que vêm ocorrendo em diferentes países se devem à "finalidade de torná-los mais eficientes e eqüitativos no preparo de uma nova cidadania, capaz de enfrentar a revolução tecnológica que está ocorrendo no processo produtivo e seus desdobramentos políticos, sociais e éticos" (Mello, 1998: 30). A autora acredita que há uma nova cidadania em formação e que isso se deve ao fim da polaridade entre capital e trabalho: "A questão do conhecimento é vital para o exercício da cidadania política num mundo que deixa de ser marcado por bipolaridades excludentes — capital x trabalho, classe dominante x classe dominada" (Mello, 1998: 34). Guiomar Namo de Mello, na condição de Conselheira, foi Relatora do Parecer n. 15/98, que estabelece as Diretrizes Curriculares Nacionais para o Ensino Médio.

CURRÍCULO E COMPETÊNCIAS

órgão foi responsável pela produção, entre os anos de 1993 e 1996, do *Relatório Delors*,[4] resultado dos trabalhos da Comissão Internacional sobre Educação para o Século XXI.

O *Relatório Delors* traça um diagnóstico da situação da educação mundial, começando pelas mudanças no cenário econômico. Afirma que o fenômeno da globalização iniciou-se no campo econômico e culminou em "um movimento em que todas as economias do mundo se tornaram dependentes dos movimentos de um conjunto mais ou menos importante de capitais, transitando rapidamente de um lugar para outro" (Delors, 2000: 37). Aos poucos, esse processo tornou-se extensivo a outras esferas, como, por exemplo, a ciência e a tecnologia e trouxe conseqüências para outras, como a educação. O Relatório reconhece que a globalização favorece aos países ricos e que os mais pobres permanecem sob o risco de serem excluídos. Com base nesse diagnóstico, estabelece uma série de indicativos que deverão ser observados pelos governos, sobretudo os dos países pobres, para que enfrentem as tensões postas pela realidade da mundialização capitalista.

Dentre as indicações do *Relatório Delors* está a ampliação da educação básica:[5] "A educação básica deve ampliar-se, no mundo, aos 900 milhões de adultos analfabetos, aos 130 milhões de crianças não escolarizadas, aos mais de 100 milhões de crianças que abandonam prematuramente a escola" (Delors, 2000: 22). Essa educação deve voltar-se para o pluralismo e para a tolerância que desencadeará uma barreira contra a violência. Assinala que, para isso, deverá sustentar-se em quatro pilares: *aprender a conhecer, aprender a fazer, aprender a viver juntos (viver com os outros) e aprender a ser.*[6]

---

4. Esse Relatório, coordenado pelo francês Jacques Delors, possui publicação em português com o título de *Educação: um tesouro a descobrir*, editado no Brasil pela Cortez em conjunto com o MEC e a UNESCO.

5. Nesse Relatório, a terminologia *educação básica* corresponde ao que denominamos, conforme a atual LDB, por *ensino fundamental*; o ensino médio é denominado, no Relatório Delors, por *ensino secundário*.

6. A influência desse Relatório faz-se sentir na reforma curricular brasileira, por exemplo, quando define, nos Parâmetros Curriculares Nacionais que "incorporam-se como diretrizes

A finalidade de uma educação que se volta para o "aprender a fazer" possui como referência a noção de competências e vincula a educação diretamente às razões do mercado de trabalho. Assim, toda a educação básica deveria ter como um de seus pilares o *aprender a fazer*, que, mesmo sendo indissociável do *aprender a conhecer*, "está mais estreitamente ligada à questão da formação profissional: como ensinar o aluno a pôr em prática os seus conhecimentos e, também, como adaptar a educação ao trabalho futuro quando não se pode prever qual será a sua evolução" (Delors, 2000: 93).

As incertezas com relação ao futuro do trabalho são justificativas, nesse Relatório, para uma educação que se volte para o desenvolvimento de competências. A "desmaterialização" das economias ricas e o crescimento do trabalho informal levam os propositores da *educação para o século XXI* a tomar como uma de suas referências as mudanças ocorridas e, ainda, por ocorrer na relação capital-trabalho. Tais mudanças e as decorrências para a educação estão assim explicitadas:

> Os empregadores substituem, cada vez mais, a exigência de uma qualificação ainda muito ligada, a seu ver, à idéia de competência material, pela exigência de uma competência que se apresenta como uma espécie de um coquetel individual, combinando a qualificação, em sentido estrito, adquirida pela formação técnica e profissional, o comportamento social, a aptidão para o trabalho em equipe, *o gosto pelo risco* (Delors, 2000: 94; grifo meu).

As competências exigidas pelo mercado de trabalho resultam, ainda, de qualidades subjetivas, *"inatas ou adquiridas"*, denominadas *saber-ser*, que se aliam ao *saber* e ao *saber-fazer* e produzem um trabalhador que comporte qualidades como: "capacidade de comunicar,

---

gerais e orientadoras da proposta curricular as quatro premissas apontadas pela UNESCO como eixos estruturais da educação na sociedade contemporânea: aprender a conhecer; aprender a fazer; aprender a viver e aprender a ser" (Brasil, PCNEM, Bases Legais, 1999).

CURRÍCULO E COMPETÊNCIAS

de trabalhar com os outros, de gerir e de resolver conflitos" (Delors, 2000: 94). É interessante observar que a proximidade, quase identidade, entre as demandas postas pelos *dirigentes empresariais* e as proposições da Comissão sob comando de Delors provoca uma constatação de que as propostas estão na direção correta. Aliás, a preocupação em adequar a educação aos requisitos da economia e do mercado de trabalho mereceu por parte da Comissão uma atenção especial.

Com relação especificamente ao ensino médio, o Relatório evidencia uma concepção seletiva desse nível de ensino, além de reforçar que "hoje em dia, para haver desenvolvimento é preciso que uma proporção elevada da população possua estudos secundários" (Delors, 2000: 134). O caráter seletivo do ensino médio é identificado em afirmações, tais como: "Enquanto a educação básica, seja qual for a sua duração, deve ter por objeto dar resposta às necessidades comuns ao conjunto da população o ensino secundário deveria ser o período em que os talentos mais variados se revelam e desenvolvem" (Delors, 2000: 135).

Muitas das orientações prescritas pela UNESCO, assim como pelo Banco Mundial e pelo Banco Interamericano,[7] foram incorporadas pela política educacional brasileira que, ao longo dos anos 90, ocupou-se da implementação da reforma educacional. As bases para essa reforma foram sendo traçadas a partir de uma intensa interlocução entre os atores locais e as agências internacionais.

No cenário local, o governo brasileiro, desde o início da década de 90, esforçou-se no cumprimento das metas estabelecidas nas *parcerias*, bem como em dar respostas visíveis aos *agentes parceiros*. O Pro-

---

7. O BID tem sido responsável por inúmeras ações na área educacional no Brasil. Em especial, com relação ao ensino médio, foi a agência financiadora do Programa de Expansão, Melhoria e Inovação no Ensino Médio (PROEM), no estado do Paraná, um dos primeiros a operar mudanças nesse nível de ensino. Em meados dos anos 90 esse estado tomou medidas no sentido de cumprir as metas traçadas no acordo com o BID, dentre elas as mudanças curriculares que tomam a noção de competências como núcleo das propostas pedagógicas das escolas. O BID passou a financiar, a partir do ano 2000, o Programa de Expansão e Melhoria do Ensino Médio — Projeto Escola Jovem, com abrangência nacional, coordenado pelo governo federal.

grama Brasileiro de Qualidade e Produtividade (PBQP), definido ainda no Governo Collor, apontava a direção que a reforma do Estado e da economia deveriam tomar. Conjugadas a elas estariam as mudanças na educação, delineadas no PBQP como um subprograma que estabelecia a necessidade de formulação de uma política educacional que tivesse como eixo a "educação para a competitividade".

A obrigatoriedade legal quanto à existência de uma base nacional comum, prevista na LDB, bem como a elaboração dos Parâmetros Curriculares Nacionais, conduziu à discussão sobre pertinência, possibilidades e significados políticos e pedagógicos da proposição de um currículo de abrangência nacional. Antonio Flávio Barbosa Moreira (1995b) insere a instituição de um "currículo nacional" no bojo de um movimento internacional associado a políticas de caráter neoliberal. Ressalta que essas propostas, justificadas com vistas à "construção e preservação de uma cultura comum, tida como básica para o desenvolvimento de um sentimento de identidade nacional, tende a privilegiar os discursos dominantes e excluir das salas de aula os discursos e vozes dos grupos sociais oprimidos". O autor critica, ainda, a ênfase dada ao "espírito de competitividade", por meio da qual se espera formar uma "mentalidade econômica, pragmática e realizadora, orientada para a produtividade, para o lucro e para o consumo" (Moreira, 1995b).

5.2. Sociedade tecnológica e inovações curriculares: a adaptação que serve à semiformação

A principal justificativa para a mudança curricular, conforme se afirma nos Parâmetros e Diretrizes Curriculares Nacionais, estaria nas mudanças tecnológicas e/ou em outras mudanças na base produtiva. Verifica-se de imediato o pressuposto que orientará parte significativa da reforma: a da propalada necessidade de adequação da escola às mudanças de ordem econômica. Esse pressuposto se evidencia, também, ao se fazer referência à "urgência em se repensar as diretrizes gerais e os parâmetros curriculares que orientam esse nível de ensino":

> Primeiramente, o *fator econômico* que se apresenta e se define pela ruptura tecnológica característica da chamada terceira revolução técnico-industrial, na qual os avanços da microeletrônica têm um papel preponderante, e que a partir da década de 80, se acentua no país.
>
> A denominada "revolução informática" promove mudanças radicais na área do conhecimento, que passa a ocupar um lugar central nos processos de desenvolvimento, em geral. É possível afirmar que, nas próximas décadas, a educação vá se transformar mais rapidamente do que em muitas outras, em função de uma nova compreensão teórica sobre o papel da escola, estimulada pela incorporação das novas tecnologias (Brasil, PCNEM, 1999).

Com base nesse fator, o texto oficial assevera:

> Na década de 90 (...) O volume de informações, produzido em decorrência das novas tecnologias, é constantemente superado, colocando novos parâmetros para a formação do cidadão. Não se trata mais de acumular conhecimentos.
>
> A formação do aluno deve ter como alvo principal a aquisição de conhecimentos básicos, a preparação científica e a capacidade para utilizar as diferentes tecnologias relativas às áreas de atuação (Brasil, PCNEM, 1999).

O modo como está retratada a relação entre mudanças tecnológicas, mudanças no conhecimento e necessidade de mudanças na educação escolar ilustra a maneira pela qual os propositores desses Parâmetros recaíram em um determinismo tecnológico que circunscreve uma visão parcial e limitada do papel da escola, pois a restringe à formação para o *mercado* de trabalho, insere as finalidades da formação humana no quadro restrito da produção econômica, ainda que afirme uma pretensa formação para a cidadania, que se confunde com os anseios de observância à lógica mercantil. Tal reducionismo se observa no discurso oficial quando estabelece uma determinada concepção para o ensino médio:

> Etapa da escolaridade que tradicionalmente acumula as funções propedêuticas e de terminalidade, ela tem sido a mais afetada pelas mudanças nas formas de conviver, de exercer a cidadania e de organizar o trabalho, impostas pela nova geografia política do planeta, pela globalização econômica e pela revolução tecnológica.
> A facilidade de acessar, selecionar e processar informações está permitindo descobrir novas fronteiras do conhecimento, nas quais este se revela cada vez mais integrado. Integradas são também as competências e habilidades requeridas por uma organização da produção na qual criatividade, autonomia e capacidade de solucionar problemas serão cada vez mais importantes, comparadas à repetição de tarefas rotineiras. E mais do que nunca, há um forte anseio de inclusão e de integração sociais como antídoto à ameaça de fragmentação e segmentação (Brasil, CNE/CEB, Parecer n. 15/98).

As finalidades a que se destinaria o ensino médio aparecem vinculadas à adequação da escola às mudanças nas formas de organizar o trabalho devidas à *"globalização econômica e à revolução tecnológica"*. O sentido da adaptação e da integração é apontado como a razão que deverá estar norteando a formação de nível médio. A subordinação dos dispositivos da reforma à economia é justificada no Parecer n. 15/98 pelo acréscimo, a este fim, *dos ideais do humanismo e da diversidade*. Como se a sobreposição de uma finalidade à outra minimizasse os limites que a adequação da escola aos imperativos econômicos imputa à educação.

A noção de competências, aliada aos princípios da *estética da sensibilidade, da política da igualdade e da ética da identidade* (Brasil, CNE/CEB, Parecer n. 15/98) está articulada à intenção de produzir uma racionalidade capaz de atender às demandas da *produção pós-industrial*:

> Essa racionalidade supõe que, num mundo em que a tecnologia revoluciona todos os âmbitos de vida, e, ao disseminar informação amplia

CURRÍCULO E COMPETÊNCIAS

as possibilidades de escolha mas também a incerteza, a identidade autônoma se constitui a partir da ética, da estética e da política, mas precisa estar ancorada em conhecimentos e competências intelectuais que dêem acesso a significados verdadeiros sobre o mundo físico e social. Esses conhecimentos e competências é que dão sustentação à análise, à prospecção e à solução de problemas, à capacidade de tomar decisões, à adaptabilidade a situações novas, à arte de dar sentido a um mundo em mutação (Brasil, CNE/CEB, Parecer n. 15/98).

As competências a que se refere o trecho anterior estariam, segundo o texto legal, não por coincidência, dentre as mais valorizadas pelas novas formas de *produção pós-industrial* que se instalam nas economias contemporâneas. Segundo seus propositores, deve ser ressaltado o que entendem como o saldo mais positivo dessa identidade entre a formação humana e a formação para o trabalho, qual seja, a de que não haveria mais conflitos e divergências entre uma e outra finalidade de formação: "Essa é a esperança e a promessa que o novo humanismo traz para a educação, em especial a média: a possibilidade de integrar a formação para o trabalho num projeto mais ambicioso de desenvolvimento da pessoa humana" (Brasil, CNE/CEB, Parecer n. 15/98). Observa-se aqui o mesmo "otimismo" atribuído pelos teóricos da Oficina Internacional do Trabalho (OIT) ao emprego da noção de competências como núcleo da formação. Tal otimismo, porém, não encontra correspondência nas situações reais de formação e de trabalho, que permanecem organizadas segundo uma lógica excludente e seletiva, que privilegia a adequação da formação a estreitas demandas do mercado.

Ao tratar da relação entre *formação geral* e *preparação básica para o trabalho* em uma de suas diretrizes, o Parecer n. 15/98 ressalva que não se deve tomar a parte diversificada dos currículos como momento de profissionalização, assegurando o que diz a LDB sobre a *possibilidade* de preparo para o exercício de profissões técnicas ou a faculdade de oferecer habilitação profissional (parágrafos 2º e 4º do artigo 36). A esse respeito, ressalta a distinção entre *preparação geral para o trabalho* e *habilitação profissional*, afirmando que a LDB *não dissocia a preparação geral para o trabalho da formação geral do educando* e justifica, desse modo, que se dê ênfase ao *tratamento de **todos** os conteúdos curriculares no contexto do trabalho*:

> Essa preparação geral para o trabalho abarca, portanto, os conteúdos e competências de caráter geral para a inserção no mundo do trabalho e aqueles que são relevantes ou indispensáveis para cursar uma habilitação profissional e exercer uma profissão técnica. No primeiro caso, estariam as noções gerais sobre o papel e o valor do trabalho, os produtos do trabalho, as condições de produção, entre outras (Brasil, CNE/CEB, Parecer n. 15/98).

Nos PCNEM, ao se considerar os dados relativos à abrangência do ensino médio, mostrando que esse nível de ensino atende a menos de 25% da população entre 15 e 17 anos, faz-se referência, exclusivamente, ao fato de que tais números nos colocam "em situação de desigualdade em relação a muitos países, inclusive da América Latina". Esta comparação indica que, claramente, o que impulsiona as mudanças não se refere propriamente à razão de que se amplie a possibilidade de acesso a esse nível de ensino, mas que as mudanças deverão produzir maior eficiência econômica, para que diminua a condição de desigualdade entre o Brasil e outros países que se encontram em situação semelhante, pois isto ampliaria a condição de competitividade do país.

Ao se referir ao papel da educação na "sociedade tecnológica", o mesmo Documento manifesta a constatação de que

> (...) a aproximação entre as competências desejáveis em cada uma das dimensões sociais não garante uma homogeneização das oportunidades sociais. Há que considerar a redução dos espaços para os que vão trabalhar em atividades simbólicas, em que o conhecimento é o instrumento principal, os que vão continuar atuando em atividades tradicionais e o mais grave, os que se vêem excluídos.
>
> (...)
>
> Esta tensão, presente na sociedade tecnológica, pode se traduzir no âmbito social pela definição de quantos e quais segmentos terão aces-

so a uma educação que contribua efetivamente para sua incorporação (Brasil, PCNEM, 1999).

As palavras anteriores são carregadas de significado quanto ao que se entende, nesse Documento, da relação exclusão-inclusão. Em primeiro lugar, parte do pressuposto de que a exclusão, das formas de trabalho e da própria escolaridade, é uma "fatalidade" nessa tal "sociedade tecnológica" e que, nesta, não haveria mesmo lugar para todos. Isso indica a opção pela reafirmação da natureza seletiva do ensino médio, mas que poderia ser agora justificada mediante a garantia de que pelo menos alguns teriam acesso à conquista das *competências* necessárias para sua inserção na sociedade. Para essa finalidade, o papel da educação na sociedade tecnológica é redimensionado segundo o pressuposto de que

> (...) o desenvolvimento das competências cognitivas e culturais exigidas para o pleno desenvolvimento humano passa a coincidir com o que se espera na esfera da produção.
> (...)
> O novo paradigma emana da compreensão de que, cada vez mais, as competências desejáveis ao pleno desenvolvimento humano aproximam-se das necessárias à inserção no processo produtivo (...) Ou seja, admitindo-se tal correspondência entre as competências exigidas para o exercício da cidadania e para as atividades produtivas, recoloca-se o papel da educação como elemento de desenvolvimento social (Brasil, PCNEM, 1999).

O discurso oficial para o currículo do ensino médio sustenta, como se pode observar, uma visão funcionalista da sociedade e das relações sociais, baseada na idéia de desenvolvimento social e de progresso; não questiona a forma alienada do trabalho que gera a exclusão social e subordina a educação escolar aos restritivos imperativos do mercado. Nesse sentido, adquire uma finalidade legitimadora das mudanças ocorridas na sociedade em favor do reordenamento da lógica capitalista.

A noção de competências e suas explicitações no discurso da reforma curricular evidenciam essa finalidade legitimadora quando afirmam a necessidade de adequação da educação escolar aos ditames do mercado. As proximidades entre *competências* e *competição* — a formação para a competitividade — como um dos requisitos dessa adequação, desvelam a falaciosidade do discurso e traz à tona a intenção mal disfarçada de sujeição da educação escolar à ordem econômica. A educação para a competição, como lembra Adorno em *Educação contra a barbárie* (1995c), é impeditiva de uma formação voltada para a autonomia; a competição se constitui em *princípio contrário* à formação humana exatamente por negar as condições de desbarbarização.

Desse modo, a educação para a competição reitera o sentido da adaptação e restringe o da emancipação. A formação para a adaptação tem como um de seus objetivos a autoconservação. Nas proposições da reforma curricular, a autoconservação estaria sendo afirmada como a grande finalidade da educação. A autoconservação seria o requisito para a *integração*, expressa no Parecer 15/98. Integração não é sinônimo de *inclusão*, como quer fazer crer o discurso oficial, mas de *padronização*, e comporta uma oposição à possibilidade de *diferenciação*. De acordo com Adorno (1996), a integração é obtida quando se ajusta a formação pelos mecanismos de mercado. Impõe-se, portanto, como oposição à formação do indivíduo. Institui-se como semiformação. Mas, como lembra o autor, a integração não atinge somente os que estão sendo formados, mas também os propositores dessa formação, que a converteram em ideologia, e, enquanto ideologia, torna-se frágil, desmoronável (Adorno, 1996: 394).

5.3. Descontextualização: o pensamento unidimensional e a produção do currículo funcional

Nos enunciados da reforma observa-se uma desistoricização e descontextualização da sociedade, da escola e do currículo. Evidencia-se essa forma idealizada já nas justificativas de adaptação da formação às mudanças que ocorreram na sociedade, privilegiadamente aquelas ligadas às transformações científicas e tecnológicas relacionadas aos processos produtivos. Tais mudanças nunca são problematizadas, a sociedade é abstraída de sua inserção histórico-cultural.

A forma a-histórica e descontextualizada de tratar a sociedade, a escola e o currículo, observa-se já na proposição de princípios norteadores da organização curricular do ensino médio — a estética da sensibilidade, a política da igualdade e a ética da identidade —, que assumem, no Parecer 15/98, um caráter funcional. Segundo esse Parecer, por *estética da sensibilidade* se há de ter a seguinte compreensão:

> Como expressão do tempo contemporâneo, a estética da sensibilidade vem substituir a da repetição e padronização, hegemônica na era das revoluções industriais. Ela estimula a criatividade, o espírito inventivo, a curiosidade pelo inusitado, a afetividade, para facilitar a constituição de identidades capazes de suportar a inquietação, conviver com o incerto, o imprevisível e o diferente.
>
> (...)
>
> A estética da sensibilidade realiza um esforço permanente para devolver ao âmbito do trabalho e da produção a criação e a beleza, daí banidas pela moralidade industrial taylorista. Por esta razão, procura não limitar o lúdico a espaços e tempos exclusivos, mas integrar diversão, alegria e senso de humor a dimensões de vida muitas vezes consideradas afetivamente austeras, como a escola, o trabalho, os deveres, a rotina cotidiana. Mas a estética da sensibilidade quer também educar pessoas que saibam transformar o uso do tempo livre num exercício produtivo porque criador. E que aprendam a fazer do prazer, do entretenimento, da sexualidade, um exercício de liberdade responsável (Brasil, CNE/CEB, Parecer n. 15/98).

A expressão "estética da sensibilidade" merece uma primeira consideração: toda estética é sempre relativa à sensibilidade, isto é, à sensação ou à capacidade de sentir. Saviani (1998a), ao analisar o Parecer n. 15/98, indaga qual o sentido de se afirmar o que diferencia a *sociedade pós-industrial*, como afirma o texto legal, da *sociedade indus-*

trial assentada na *estética da repetição e da padronização* é a emergência de uma *estética da sensibilidade*. Se, de várias maneiras, essas sociedades se diferenciam, de certo isso é devido também à estética — capacidade de sentir/sensibilidade — que produzem e/ou reproduzem.

A afirmação de que devemos ocupar-nos de formar alguém capaz de *suportar a inquietação, conviver com o incerto, o imprevisível e o diferente*, merece também uma consideração. Em uma sociedade incapaz de oferecer condições básicas de sobrevivência, torna-se possível pensar em uma educação que se volta para a aceitação do inesperado e para a convivência com as incertezas. O que constrange, porém, é se assumir isso como "dado", como inevitável e, portanto, aceito, em um momento em que se está propondo uma política para a formação humana.

A política da igualdade, o segundo princípio de organização curricular, explicita, de maneira igualmente funcional e formal, o que se quer conferir às práticas curriculares. Sua funcionalidade produz o que poderíamos chamar de uma "escola administrada", passível de oportunizar uma formação em concordância com os imperativos postos pela sociedade, no sentido de promover relações de convivência não conflitivas e adequadas a um contexto no qual se quer que impere a aceitação e a resignação às adversidades:

> A política da igualdade incorpora a igualdade formal, conquista do período de constituição dos grandes estados nacionais. Seu ponto de partida é o reconhecimento dos direitos humanos e o exercício dos direitos e deveres da cidadania, como fundamento da preparação do educando para a vida civil.
>
> Para essa sociedade a política da igualdade vai se expressar também na busca da eqüidade no acesso à educação, ao emprego, à saúde, ao meio ambiente saudável, e outros benefícios sociais e no combate a todas as formas de preconceito e discriminação por motivo de raça, sexo, religião, cultura, condição econômica, aparência ou condição física (Brasil, CNE/CEB, Parecer n. 15/98).

Tomados em sentidos idênticos, as expressões *política da igualdade* e *busca da eqüidade* explicitam uma contradição. Igualdade e eqüidade não se equivalem nem mesmo se complementam, ao contrário, se excluem:

> O texto trata o conceito de igualdade de forma intercambiável com o de eqüidade. Entretanto, eqüidade, registram os dicionários, é "a disposição de reconhecer igualmente o direito de cada um" (sentido 1), portanto, implica o reconhecimento e legitimação das desigualdades, conduzindo ao tratamento igual dos desiguais. Isso fica mais claro ao se considerar o sentido 2: "conjunto de princípios imutáveis de justiça que induzem o juiz a um critério de moderação e de igualdade, ainda que em detrimento do direito objetivo" (Aurélio, s.d.: 544). Ora, o direito objetivo não é outra coisa senão o "conjunto de normas de caráter obrigatório impostas pelo Estado, e que compreende o direito escrito e o consuetudinário" (ibidem: 479). Por fim o significado de eqüidade resulta cristalino ao se levar em conta o sentido 3: "sentimento de justiça avesso a um critério de julgamento ou tratamento rigoroso e estritamente legal" (ibidem: 544). Em contrapartida, igualdade, também segundo os dicionários, significa "qualidade ou estado de igual; paridade; uniformidade; identidade". E, em termos éticos: "relação entre os indivíduos em virtude da qual todos eles são portadores dos mesmos direitos fundamentais que provêm da humanidade e definem a dignidade da pessoa humana" (ibidem: 740). Portanto, os dois conceitos são incompatíveis (Saviani, 1998a: 2).

A ética levada à condição de princípio da organização curricular do ensino médio expressa a mesma funcionalidade conferida aos sentidos da estética e da política. No Parecer n. 15/98, a ética comportaria a possibilidade de resgatar o ideal humanista subjugado pelo caráter totalitário da sociedade industrial:

> A ética da identidade substitui a moralidade dos valores abstratos da era industrialista e busca a finalidade ambiciosa de reconciliar no coração humano aquilo que o dividiu desde os primórdios da idade

moderna: o mundo da moral e o mundo da matéria, o privado e o público, enfim a contradição expressa pela divisão entre a "igreja" e o "Estado". Essa ética se constitui a partir da estética e da política e não por negação delas. Seu ideal é o humanismo de um tempo de transição (Brasil, CNE/CEB, Parecer n. 15/98).

A "eficácia" da ética como princípio educativo se verificaria ao se desistir de "formar pessoas 'honestas', 'caridosas', ou 'leais'" e instituir a possibilidade de "formação de identidades (...) pelo desenvolvimento da sensibilidade e pelo reconhecimento do direito à igualdade" (Brasil, CNE/CEB, Parecer n. 15/98).

Os três princípios organizativos do currículo estão articulados à defesa da definição do trabalho como o principal elemento da formação. É o que se observa, por exemplo, ao se estabelecer como meta a valorização da *leveza, da delicadeza e da sutileza* (Brasil, CNE/CEB, Parecer 15/98), explicitada na proposição da *estética da sensibilidade*, contraposta à estética da sociedade baseada na produção de tipo taylorista. A simples afirmação de que é necessário tomar como princípio tal estética não substitui, no entanto, a rudeza da produção e da economia que se firmam entre o final do século XX e o início do século XXI, geradoras de maior exclusão e do empobrecimento crescente das economias periféricas. O trabalho permanece como condição de exploração e enriquecimento de alguns e de sofrimento de muitos. Portanto, propor que a *diversão, alegria e senso de humor* (Brasil, CNE/CEB, Parecer n. 15/98) ocupem também os espaços de trabalho, dentre outros, e que isto depende de uma formação voltada para essa finalidade, expressa uma racionalidade fria e instrumental que mal disfarça certo cinismo ao afirmar que à educação escolar cabe formar para atender às condições impostas pela *economia*, mas que isto irá satisfazer às necessidades *de todos*.

Esse imperativo é a expressão ideológica de uma razão que tem propagado que a formação humana deve estar alicerçada nas mudanças provocadas pelas transformações científicas e tecnológicas do final do século XX, pois estas estariam sendo capazes de eliminar os conflitos postos pela sociedade industrial, taylorista, ao gerar a "sociedade tecnológica", na qual o conhecimento seria a base de toda e qualquer relação social. A ciência e a tecnologia, no entanto, ao se constituírem em *força produtiva*, repõem as condições de exploração e de exclusão social e econômica. Essas mudanças levam, porém, a produzir alterações no discurso legitimador, conduzem a um processo de ressignificação das palavras que antes eram usadas para legitimar outros contextos. Herbert Marcuse, ao analisar o modo pelo qual a sociedade industrial produz uma "linguagem administrada", evidencia a importância da conversão da linguagem em *comunicação*, como mecanismo capaz de camuflar o sentido e a finalidade da readequação dos discursos:

> A busca desenfreada pela eficiência e produtividade torna-se também o critério de conversão da linguagem em veículo de dominação, pois a comunicação deve produzir a identidade e a unidade de pensamento. A aparência converte-se em realidade tão logo as mediações por meios das quais os conceitos adquirem significados estejam devidamente suprimidas. De posse desse caráter funcional e operacional, à linguagem pouca resta além de expressar a razão que submete a sociedade e o indivíduo a um behaviorismo social e político. Torna-se *comunicação*, no sentido de que *evita o desenvolvimento genuíno do significado* (Marcuse, 1982: 94-95).

Ética da identidade, estética da sensibilidade, política da igualdade... O que expressa esse jogo de palavras, senão a intenção de conferir a aparência de inovação a algo que permanece, mas que necessita redimensionar seus significados com o fim de manter em novas bases a mesma racionalidade? Os princípios propostos para orientar o currículo das escolas, e sua materialização na finalidade de formação de competências, evidenciam, nos encaminhamentos da reforma curricular, a produção daquilo que Marcuse chamou de pensamento unidimensional. As características e as intenções dessa forma de pensamento são explicadas pelo autor:

O pensamento unidimensional é sistematicamente promovido pelos elaboradores da política e seus provisionadores de informação em massa. O universo das palavras, destes e daqueles, é povoado de hipóteses autovalidadoras que, incessante e monopolisticamente repetidas, se tornam definições ou prescrições hipnóticas (Marcuse, 1982: 34).

O sentido em que é tomado o termo "ética" é o mais claro exemplo de como a locução política comporta-se como ideologia, no sentido que Marcuse confere a essa palavra. A racionalidade tecnológica é transposta, pela mediação da palavra, à racionalidade política. O universo da palavra é moldado, assim, por um "projeto" de sociedade, que a estabiliza *e contém o progresso técnico dentro da estrutura de dominação* (Marcuse, 1982: 19). A ética é reduzida à condição de legitimadora dessa estrutura e da racionalidade instrumental que lhe dá suporte.

A *ética da identidade* é igualada no Parecer n. 15/98 ao *aprender a ser* do Relatório Delors; da mesma forma, a *estética da sensibilidade* estaria no âmbito do *aprender a fazer* e a *política da igualdade* do *aprender a conhecer e conviver*, e teriam como finalidade a construção da *autonomia*:

> Autonomia e reconhecimento da identidade do outro se associam para construir identidades mais aptas a incorporar a responsabilidade e a solidariedade. Neste sentido, a ética da identidade supõe uma racionalidade diferente daquela que preside à dos valores abstratos, porque visa a formar pessoas solidárias e responsáveis por serem autônomas (Brasil, CNE/CEB, Parecer n. 15/98).

A *autonomia* de que trata o Parecer 15/98 estaria limitada a uma formação capaz de viabilizar a condição de *integração* do indivíduo à sociedade, de forma solidária, pelo reconhecimento de sua identidade e da do outro. Essa limitação do sentido que pode ser conferido a uma formação para a autonomia se verifica também no modo como é utilizado o termo *ética*. Em vários momentos do Parecer, a *ética* é tomada como requisito para uma convivência não conflitiva, desconsiderando-se sua condição histórico-cultural que ultrapassa o sentido da mediação de relações interpessoais.

CURRÍCULO E COMPETÊNCIAS

Dentre as prescrições para a organização curricular do ensino médio, o Parecer n. 15/98 indica como outra de suas diretrizes "a importância da escola", e, nesse momento, ressalta o ambiente escolar como insubstituível na aquisição de "competências cognitivas complexas, exemplificadas como: autonomia intelectual, criatividade, solução de problemas, análise e prospecção, entre outras" (Brasil, CNE/ CEB, Parecer n. 15/98). Ao referir-se à importância da escola, o Parecer n. 15/98 o faz de forma genérica, abstraindo a escola de seu contexto histórico. As instituições escolares são tomadas como entidades abstratas, cumpridoras do ordenamento oficial, que a ele responderiam de maneira funcional.

Essa forma descontextualizada e a-histórica de tratar a sociedade, a escola e o currículo articula-se facilmente ao discurso e à pretensão de adaptação da formação à lógica posta pelas mudanças na sociedade, especialmente as que ocorreram no campo da esfera econômica. Essa articulação se vê favorecida pela inserção de um tipo de prescrição curricular que toma como eixo catalisador a noção de competências.

5.4. Fluidez e ambigüidades da noção de competências: suportes para administrar a formação

As competências de que tratam as orientações oficiais estão expostas na segunda diretriz do Parecer n. 15/98: *um currículo voltado para as competências básicas*. A justificativa para a proposição dessa diretriz estaria na Lei de Diretrizes e Bases da Educação, especialmente em seu artigo 32, quando estabelece como objetivo do Ensino Fundamental propiciar a continuidade do "processo de desenvolvimento da capacidade de aprender, com destaque para o aperfeiçoamento do uso das linguagens como meios de constituição dos conhecimentos, da compreensão e da formação de atitudes e valores" (Brasil, CNE/ CEB, Parecer n. 15/98). Esse seria, segundo o Parecer n. 15/98, o ponto de partida para a organização da proposta pedagógica do ensino médio. Essa compreensão é reforçada ao considerar que:

> Do ponto de vista legal, não há mais duas funções difíceis de conciliar para o Ensino Médio, nos termos em que estabelecia a Lei n. 5.692/71: preparar para a continuidade de estudos e habilitar para o exercício de uma profissão. A duplicidade de demanda continuará existindo porque a idade de conclusão do ensino fundamental coincide com a definição de um projeto de vida, fortemente determinado pelas condições econômicas da família e, em menor grau, pelas características pessoais. Entre os que podem custear uma carreira educacional mais longa, esse projeto abrigará um percurso que posterga o desafio da sobrevivência material para depois do curso superior. Entre aqueles que precisam arcar com sua subsistência precocemente, ele demandará a inserção no mercado de trabalho logo após a conclusão do ensino obrigatório, durante o Ensino Médio ou imediatamente depois deste último.
>
> (...)
>
> Mas o significado de educação geral no nível médio, segundo o espírito da LDB, nada tem a ver com o ensino enciclopedista e academicista dos currículos de Ensino Médio tradicionais, reféns do exame vestibular (Brasil, CNE/CEB, Parecer n. 15/98).

O ensino médio destinar-se-ia, portanto, a uma formação da qual resultariam *competências de caráter geral*, em especial a "competência de continuar aprendendo, tendo como referências o trabalho e a cidadania, a fim de que o educando possa adaptar-se às condições em mudança na sociedade, especificamente no mundo das ocupações". (Brasil, CNE/CEB, Parecer n. 15/98).

Conforme justificativa das Diretrizes Curriculares Nacionais deve-se à LDB as finalidades prescritas para o ensino médio. A explicitação do que propõe a legislação maior quanto aos objetivos da formação de nível médio, dentre eles a compreensão dos fundamentos científico-tecnológicos do processo produtivo resulta em uma proposta que "insere a experiência cotidiana e o trabalho no currículo do Ensino Médio como um todo e não apenas na sua Base Comum, como elementos que facilitarão a tarefa educativa de explicitar a relação entre teoria e prática" (Brasil, CNE/CEB, Parecer n. 15/98). Desse modo, o trabalho se converte em um *contexto* privilegiado por meio do qual os saberes escolares articular-se-iam à vida cotidiana, propiciando ao aluno estabelecer relações entre a teoria e a prática.

Para justificar essas proposições, o Parecer n. 15/98 recorre à compreensão de Cláudio Moura Castro[8] a respeito das finalidades do ensino médio de formação geral. Segundo esse autor, "não se trata nem de profissionalizar nem de deitar água para fazer mais rala a teoria. Trata-se, isso sim, de ensinar melhor a teoria — qualquer que seja — de forma bem ancorada na prática. As *pontes* entre a teoria e a prática têm que ser construídas cuidadosamente e de forma explícita". Conforme referenda o Parecer, "para Castro, essas pontes implicam em fazer a relação, por exemplo, entre o que se aprendeu na aula de matemática na segunda-feira com a lição sobre atrito na aula de física da terça e com a sua observação de um automóvel cantando pneus na tarde da quarta". A conclusão de Castro, incorporada nas DCNEM, é a de que "para a maioria dos alunos, infelizmente, ou a escola o ajuda a fazer estas pontes ou elas permanecerão sem ser feitas, perdendo-se assim a essência do que é uma boa educação" (Brasil, CNE/CEB, Parecer n. 15/98).

As desejadas "pontes" entre a teoria e a prática se materializariam na noção de competências, que comportaria um *ensino pela experiência*, entendido nos dispositivos normativos como necessidade de *treinamento* por meio do *exercício* dos conhecimentos adquiridos em situações práticas. Essa concepção da experiência se reduz ao mero fazer que, no máximo, consegue atribuir um sentido pragmático, utilitarista, ao conhecimento. É o velho aprender pela repetição, só que agora o que se propõe não é mais apenas o exercitar-se na tarefa

---

8. Castro, C. M. O secundário esquecido em um desvão do ensino. In: *Série Documental.* Textos para discussão (Brasília: MEC/INEP, 1997).

escolar, mas que se tomem as vivências cotidianas como alvo da aplicabilidade dos conceitos.

Em muito se assemelham as asserções mencionadas e a compreensão de Philippe Perrenoud sobre o significado do termo *competências* e suas implicações para o currículo escolar. Segundo esse autor, os saberes escolares somente adquirem sentido, e, portanto, apenas nessa condição é que deveriam ser estudados, quando relacionados à sua aplicabilidade prática em situações cotidianas. Ainda que o Parecer 15/98 não o mencione como uma de suas fontes, observa-se uma proximidade de significados entre o que propõe e as propostas do sociólogo suíço para a educação escolar.

O Parecer 15/98 manifesta ainda uma concepção funcional da relação entre teoria e prática, tomadas de forma dicotômica que reduz a teoria à mera aplicação prática. Também a idéia da experiência é tomada de forma limitada: a escola seria uma *experiência* por meio da qual os alunos estabeleceriam *relações entre o aprendido e o observado*, de forma espontânea em situações do cotidiano, ou de modo mais sistemático no contexto do trabalho.

Nessas proposições, não se configura a experiência como condição de autêntica formação cultural, capaz de conduzir à crítica ao se interagir reflexivamente com o objeto da experiência. A experiência em sentido formativo não pode privar o indivíduo da compreensão em profundidade dos instrumentos e dos métodos que o levariam a entender a sociedade em que vivem e sua condição histórico-cultural. Ultrapassa, em muito, o mero saber-fazer, um dos pilares das prescrições curriculares.

Nos Parâmetros Curriculares Nacionais para o Ensino Médio, ao se referir a *competências*, fala-se:

> (...) da capacidade de abstração, do desenvolvimento do pensamento sistêmico, ao contrário da compreensão parcial e fragmentada dos fenômenos, da criatividade, da curiosidade, da capacidade de pensar múltiplas alternativas para a solução de um problema, ou seja, do de-

CURRÍCULO E COMPETÊNCIAS

senvolvimento do pensamento divergente, da capacidade para trabalhar em equipe, da disposição para procurar e aceitar críticas, da disposição para o risco, do desenvolvimento do pensamento crítico, do saber comunicar-se, da capacidade de buscar conhecimento (Brasil, PCNEM, 1999).

A noção de competências estará orientando todo o fazer pedagógico das escolas, como mostram as proposições para a organização curricular. No entanto, a explicitação do que deverá se entender por competências concentra-se, praticamente, na definição anterior, e, como é possível constatar, ela é tratada de forma fluida, pouco precisa e sem mencionar as bases teóricas que lhe deram origem. Afinal, o que se pode entender por *desenvolvimento do pensamento sistêmico?*

Ao fazer referência ao pensamento sistêmico, sem precisar seus fundamentos epistemológicos, o enunciado deixa margem para que se originem interpretações que aproximam essa proposição ao enfoque sistêmico em voga nos anos 60 e 70 e que deram fundamento para a perspectiva tecnicista da pedagogia escolar. Quando busca esclarecer tal forma de pensamento, o contrapõe a uma "compreensão parcial e fragmentada dos fenômenos", o que não é suficiente para se ter clareza quanto à finalidade da proposição. Comete, ainda, na composição do parágrafo, uma impropriedade no emprego da língua portuguesa. Quando contrapõe ao que chama de pensamento sistêmico a compreensão parcial e fragmentada dos fenômenos, o contrapõe também — ao estabelecer a concordância — à criatividade, à curiosidade e à capacidade de pensar múltiplas alternativas para a solução de um problema. O texto, desse modo, perde o sentido, pois, ser criativo, curioso e capaz de desempenhar-se bem diante de situações-problema tem sido apresentado como *competências* desejadas quando se trata de adaptar a formação humana às demandas de adequação da escola às prerrogativas postas pela "sociedade tecnológica", intenção anunciada nesses Parâmetros Curriculares para a adoção da noção de competências.

Um dos argumentos utilizados em favor do uso da noção de competências está, também, o de que não há o que justifique memorizar conhecimentos que estão sendo superados ou cujo acesso é facilitado pela moderna tecnologia. O que se deseja é que os estudantes "desenvolvam competências básicas" que lhes permitam desenvolver a capacidade de continuar aprendendo[9] (Brasil, PCNEM, 1999).

As proposições do currículo voltado para as *competências básicas* consideram os conhecimentos escolares válidos na medida em que não sejam fim em si mesmos, mas que possibilitem ao sujeito em formação exercitar o que aprendeu, seja por meio de projetos escolares, seja em situações da vida fora da escola. Ao conhecimento é imputada uma condição pragmática, na qual o saber desprovido dessa condição é confinado à característica de *saber enciclopédico*, e que, portanto, deve ser banido dos currículos escolares.

A crítica a essa concepção do conhecimento e dos critérios para sua transposição à didática escolar resulta da indagação, certamente oportuna, sobre o que fazer com os conhecimentos, produzidos pelo homem em sua trajetória histórico-cultural, que não se prestam a uma aplicabilidade imediata, mas que propiciam, por exemplo, o prazer de desfrutar uma obra de arte ou, ainda, os saberes necessários à realização da crítica que ultrapassa o mero ajustamento.

A formação que objetiva constituir competências básicas para o exercício da cidadania e do trabalho, segundo as proposições dessas Diretrizes Curriculares, deve tomar o conhecimento — convertido em saber escolar por meio das transposições didáticas — alicerçado em uma perspectiva *interdisciplinar* e *contextualizada*.

---

9. Tanto para os PCNEM quanto para as DCNEN, as competências mencionadas desenvolver-se-ão sustentadas em quatro alicerces, a saber: *aprender a conhecer, aprender a fazer, aprender a viver* e *aprender a ser*, traçados pela UNESCO no *Relatório Delors*. Desses quatro alicerces, justificados a partir de uma desejada interdisciplinaridade, é que emerge a proposição da divisão do conhecimento escolar em três áreas: Linguagens e Códigos e suas tecnologias; Ciências da Natureza, Matemática e suas tecnologias; e, Ciências Humanas e suas tecnologias. A noção de competências é utilizada como elemento definidor das finalidades que cabe a cada uma das três áreas desenvolver. Nos PCNEM, para cada área é descrito *o sentido do aprendizado* na área e em seguida são estabelecidas as competências e as habilidades que se pretende sejam desenvolvidas.

CURRÍCULO E COMPETÊNCIAS

Interdisciplinaridade e contextualização são, assim, prescritas como a terceira e a quarta das diretrizes para a organização do currículo do ensino médio e se constituiriam em suporte para o desenvolvimento de competências. Por interdisciplinaridade, o Parecer n. 15/98 demonstra uma compreensão segundo a qual se "deve ir além da mera justaposição de disciplinas e, ao mesmo tempo, evitar a diluição delas em generalidades", e sugere que "a relação entre as disciplinas tradicionais pode ir da simples comunicação de idéias até a integração mútua de conceitos". As atividades escolares produziriam práticas interdisciplinares, por exemplo, por meio da execução de projetos e de seus *problemas geradores*. Estes mobilizariam "competências cognitivas como deduzir, tirar inferências ou fazer previsões a partir do fato observado" (Brasil, CNE/CEB, Parecer n. 15/98).

Não é da finalidade deste trabalho discutir a difícil questão da interdisciplinaridade, nem mesmo as apropriações feitas pela escola dessa idéia. No entanto, vale ressaltar, a concepção expressa no Parecer n. 15/98 circunscreve-se a um modo de entender a interdisciplinaridade como a relação entre diferentes disciplinas, produzida pelos sujeitos por meio de uma ação *a posteriori* da disciplinarização. Conforme discutem Bianchietti e Jantsch (1995), essa concepção de interdisciplinaridade incorpora os pressupostos próprios de uma *filosofia do sujeito*, que toma a fragmentação do conhecimento, ou mesmo sua especialização, como uma *patologia*, que pode ser superada por meio de um ato de vontade:

> A soma de sujeitos pensantes que, com base em sua vontade, decidem superar o conhecimento fragmentado é, pressupõe-se, a fórmula acertada. Expressando-nos de outro modo, podemos dizer que a interdisciplinaridade só é fecunda no trabalho em equipe, onde se forma uma espécie de sujeito coletivo (Bianchetti e Jantsch, 1995: 16).

Como salientam os autores, essa forma de se considerar a idéia de interdisciplinaridade é a-histórica e limitada pois

(...) abdica da percepção de que, nos diferentes momentos históricos, a produção da existência e, por decorrência, do conhecimento, processou-se de diferentes formas e meios, sempre com base nas condições objetivas de cada contexto. Abdicar dessa percepção significa conceber o conhecimento como um estranho "sopão epistemológico e metodológico", no qual se confundiram o objeto — como algo secundário — e o sujeito — como mera soma de indivíduos aleatoriamente distribuídos nas diversas ciências e/ou disciplinas (Bianchetti e Jantsch, 1995: 17).

As Diretrizes Curriculares Nacionais para o Ensino Médio propõem que, aliada à interdisciplinaridade, configure-se uma proposta de ensino que tome a *contextualização* como um mecanismo por meio do qual se faça a interação entre disciplinas e/ou áreas formadas por núcleos disciplinares. A contextualização implicaria assumir que "todo conhecimento envolve uma relação entre sujeito e objeto", e, na escola, essa relação precisa ser levada em consideração quando se pretende transformar o aluno em sujeito ativo da aprendizagem, isto é, *retirá-lo da condição de espectador passivo* (Brasil, CNE/CEB, Parecer n. 15/98). Tratar o conhecimento de forma contextualizada permitiria levar a aprendizagens significativas que mobilizariam o aluno e estabeleceriam entre ele e o objeto do conhecimento uma relação de reciprocidade (Brasil, CNE/CEB, Parecer n. 15/98).

A *contextualização* dos saberes escolares, tal qual proposta nas DCNEM, reforça o pressuposto da centralidade do sujeito explicitado na concepção de interdisciplinaridade, quando afirma que ela "evoca áreas, âmbitos ou dimensões presentes na vida pessoal, social e cultural. Ou ainda, que ela mobiliza competências cognitivas já adquiridas" (Brasil, CNE/CEB, Parecer n. 15/98).

A idéia de *mobilização de competências adquiridas* é explicada a partir da interpretação das asserções de Piaget sobre o papel da *atividade* no processo de aprendizagem: "compreender é inventar ou reconstruir, através da reinvenção, e será preciso curvar-se ante tais necessidades se o que se pretende, para o futuro, é moldar indivíduos capa-

CURRÍCULO E COMPETÊNCIAS

zes de produzir ou de criar, e não apenas de repetir" (Piaget, citado no Parecer n. 15/98).

Por mais nobre que seja a intenção de formar indivíduos capazes de criar, *moldá-los* não representa, de modo algum, a possibilidade de uma formação capaz de gerar autonomia. *Moldar* indivíduos assemelha-se a treinar, adestrar, segundo critérios predefinidos, à revelia de quem está sendo *moldado*. Essa proposição contradiz a intenção anunciada no próprio Parecer quando assevera que a formação de nível médio deveria oportunizar a constituição de *identidades autônomas*, mas, mesmo nesse caso, tal autonomia deveria estar adaptada à revolução tecnológica e às demais mudanças produzidas pelo *mundo do trabalho*.

Lopes (2002), ao analisar o hibridismo e as ambigüidades presentes no modo como é utilizado o conceito de contextualização no âmbito dos PCNEM, observa que, ao relacionar, por exemplo, o ensino contextualizado à observação de saberes prévios por parte dos alunos, isso contribui no sentido da produção de legitimidade do discurso oficial junto à comunidade educacional. Sua análise aplica-se igualmente às Diretrizes Curriculares expressas no Parecer n. 15/98, que toma a idéia de contextualização de forma semelhante ao documento analisado pela autora. Uma das conclusões a que ela chega diz respeito à identidade entre o conceito de contextualização produzido nos documentos oficiais da reforma curricular e os pressupostos do eficienticismo social, ao associar, por exemplo, os saberes prévios e cotidianos ao contexto mais imediato e limitado. Nas palavras da autora: "Os saberes prévios e cotidianos são incluídos em uma noção de contexto mais limitada em relação ao âmbito da cultura mais ampla. Contexto restringe-se ao espaço de resolução de problemas por intermédio da mobilização de competências" (Lopes, 2002).

Pelo Parecer n. 15/98, das experiências curriculares vividas no ensino médio, o *trabalho* seria o *contexto* mais importante e, portanto, deveria ser tomado como princípio organizador do currículo, tendo em vista o desenvolvimento de competências:

A riqueza do contexto do trabalho para dar significado às aprendizagens da escola média é incomensurável. Desde logo na experiência da própria aprendizagem como um trabalho de constituição de conhecimentos, dando à vida escolar um significado de maior protagonismo e responsabilidade. Da mesma forma, o trabalho é um contexto importante das Ciências Humanas e Sociais, visando a compreendê-lo enquanto produção de riqueza e forma de interação do ser humano com a natureza e o mundo social. Mas a contextualização no mundo do trabalho permite focalizar muito mais todos os demais conteúdos do Ensino Médio.

A produção de serviços de saúde pode ser o contexto para tratar os conteúdos de biologia, significando que os conteúdos dessas disciplinas poderão ser tratados de modo a serem, posteriormente, significativos e úteis a alunos que se destinem a essas ocupações. A produção de bens nas áreas de mecânica e eletricidade contextualiza conteúdos de Física com aproveitamento na formação profissional de técnicos dessas áreas (Brasil, CNE/CEB, Parecer n. 15/98).

As proposições citadas corroboram o entendimento de que a perspectiva de contextualização proposta nos documentos oficiais aproxima-se da concepção eficienticista e da vinculação estreita entre formação e atividade econômica. No Parecer n. 15/98, a indicação de que o trabalho deve ser o contexto privilegiado demonstra uma visão restrita do conceito de trabalho, que é tomado como mera atividade, negligenciando sua condição histórico-cultural e desconsiderando seu caráter de trabalho alienado. A *linguagem* e sua relação com o trabalho são igualmente tomadas em sentido restritivo, quando propõe, por exemplo, que "as linguagens sejam contextualizadas na produção de serviços pessoais ou comunicação e, mais especificamente, no exercício de atividades tais como tradução, turismo ou produção de vídeos, serviços de escritório" (Brasil, CNE/CEB, Parecer n. 15/98).

As competências que se pretende sejam desenvolvidas oscilam entre a intenção de intervir e produzir uma determinada subjetividade — explicitada nos princípios da ética da identidade, da estética da

CURRÍCULO E COMPETÊNCIAS

sensibilidade e/ou da política da igualdade —, e a adequação da formação aos imperativos da convivência com as modernas tecnologias.

O Parecer 15/98, quando se ocupa em demarcar o que se deve entender da inclusão das "novas tecnologias" em cada área do conhecimento, reitera uma concepção de tecnologia como mera técnica a ser aplicada: "(...) a presença da tecnologia no Ensino Médio remete diretamente às atividades relacionadas à *aplicação* dos conhecimentos e habilidades constituídos ao longo da Educação Básica, dando expressão concreta à preparação básica para o trabalho prevista na LDB" (Brasil, CNE/CEB, Parecer n. 15/98).

Para a área de Ciências da Natureza e Matemática, a justificativa para inclusão das "suas tecnologias" se dá pela intenção de se "promover competências e habilidades que sirvam para o exercício de intervenções e julgamentos práticos", tais como "o entendimento de equipamentos e de procedimentos técnicos, a obtenção e análise de informações, a avaliação de riscos e benefícios em processos tecnológicos" (Brasil, PCNEM, Ciências da Natureza, Matemática e suas Tecnologias, 1999). Nota-se a preocupação com a utilidade, com a aplicabilidade prática e com o treinamento em situações cotidianas dos conhecimentos adquiridos. Essa preocupação toma também como referência a dimensão do trabalho e dos processos produtivos.

Para a área de Linguagens, Códigos e suas Tecnologias, estas últimas adquirem um sentido mais utilitarista e superficial, quando se propõe sua inclusão no currículo com o fim de "aplicar as tecnologias da comunicação" ou "entender o impacto das tecnologias de comunicação". Não se requer, por exemplo, a *competência* de problematizar a gênese de tais tecnologias e as implicações políticas, econômicas e culturais de sua disseminação.

A relação entre tecnologia e conhecimento científico é tratada de modo igualmente pragmático, justificada pela intenção de adequação da educação escolar à formação para o trabalho. Não é discutida a relação social que regula a produção das tecnologias, marcada por razões de interesse, sobretudo, econômico, com vistas à acumulação de capital.

A compreensão dos fundamentos científico-tecnológicos dos processos produtivos proposta na LDB resultaria, pelo Parecer n. 15/98, restrita à compreensão ou ao aprendizado do emprego da tecnologia por meio de atividades práticas espelhadas nos processos de formação profissional. Estaria subtraída, na intenção manifesta nas DCNEM, a possibilidade de uma formação capaz de discutir e questionar os fundamentos científicos e tecnológicos circunscritos aos processos produtivos. Tais fundamentos estão, no Parecer n. 15/98, subsumidos e aceitos, restando à escola ensinar como pôr em prática seus resultados, isto é, ensinar como usar as *"tecnologias que presidem a formação moderna"*.

Para os Parâmetros e Diretrizes Curriculares Nacionais para o Ensino Médio, o emprego da noção de competências esteve sempre associado ao discurso da necessidade de adequação da formação humana aos imperativos postos pelas mudanças na sociedade, referenciadas geralmente de forma atrelada às transformações no campo da produção e do trabalho. Os Parâmetros Curriculares Nacionais, ao tentar dar uma definição para o termo *competências*, afirma uma educação que deva preparar para trabalhar em equipe, conviver com o risco e aprender permanentemente, dentre outras finalidades que têm sido apresentadas como demandas da formação profissional.

Essa perspectiva da noção de competências, vinculada à formação para o trabalho, não se repete nos momentos em que a política de reforma se utiliza dessa noção com fins de avaliação. As distintas formas de expressar o que se há de entender por *competências* evidenciam as ambigüidades presentes em documentos e proposições oficiais. A ausência de clareza quanto ao que se há de entender pelo termo *competências*, a fluidez com que é tratado no âmbito dos PCNEM e DCNEM, e o distanciamento conceitual observado em relação às proposições das avaliações nacionais esvaziam de sentido a noção de competências, e a inviabilizam como conceito norteador da organização curricular, conforme pretendem os dispositivos normativos.

Na explicitação de competências no âmbito dos exames nacionais — SAEB e ENEM — a palavra *competências* é tomada pela sua proximidade com a idéia de *esquemas mentais*. As competências e as habilidades anunciadas buscam traduzir um conjunto de conhecimentos — ou um determinado conteúdo — em uma operação mental ou uma ação a ser observada. Esse modo de entender está presente nos enunciados do SAEB e do ENEM quando se propõem a definir competências e habilidades:

> Competências são as modalidades estruturais da inteligência, ou melhor, ações e operações que utilizamos para estabelecer relações com e entre objetos, situações, fenômenos e pessoas que desejamos conhecer. As habilidades decorrem das competências adquiridas e referem-se ao plano imediato do 'saber-fazer'. Através das ações e operações, as habilidades aperfeiçoam-se e articulam-se, possibilitando nova reorganização das competências. (Brasil, ENEM, Documento Básico, 1998 e 2000).

A matriz de competências do ENEM, conforme explicita seu Documento Básico, estrutura-se pela definição de 5 competências e 21 habilidades que orientam a elaboração das provas. A definição dessas competências obedece, segundo informa o Relatório Pedagógico do ENEM 2002, à seguinte justificativa:

> As competências gerais que são avaliadas no ENEM estão estruturadas com base nas competências descritas nas operações formais da teoria de Piaget, tais como: a capacidade de considerar todas as possibilidades para resolver um problema; a capacidade de formular hipóteses; de combinar todas as possibilidades e separar variáveis para testar influência de vários fatores; o uso do raciocínio hipotético-dedutivo, de interpretação, análise, comparação e argumentação, e a generalização dessas operações a diversos conteúdos (Brasil, ENEM — Relatório Pedagógico, 2002).

As afirmações anteriores, bem como a preocupação com a demarcação da fase de desenvolvimento em que se encontra o aluno a ser examinado pelo ENEM, demarcam a afiliação piagetiana. No entanto, quando o Documento explicita a Matriz de Competências, seus enunciados em muito se aproximam da formulação de objetivos e a referência a comportamentos observáveis presentes na Pedagogia de Objetivos dos anos 70, e que tinha sua afiliação teórica atrelada à abordagem behaviorista da psicologia da aprendizagem e do desenvolvimento.

O ENEM, segundo seus Relatórios, é um "instrumento de avaliação individual de desempenho por competência" (Brasil, ENEM — Relatório Final, 2001). O *desempenho* é aferido ao se verificar de que forma o conhecimento *construído* "(...) pode ser efetivado pelo participante por meio da demonstração de sua autonomia de julgamento e de ação, de atitudes, valores e procedimentos diante de situações-problema que se aproximem, o máximo possível, das condições reais de convívio e de trabalho individual e coletivo" (Brasil, ENEM — Relatório Pedagógico, 2002).

As *habilidades* estão situadas, na definição do ENEM, no "plano imediato do saber-fazer", e desse modo, elas são descritas como *indicadores de desempenho*. Essa compreensão aproxima o referencial do ENEM à perspectiva posta por Chomsky para a Lingüística, ainda que de forma implícita. O desempenho — para o ENEM, as *habilidades* — constitui-se no uso efetivo de um determinado conhecimento em situações concretas.

Entre os diferentes textos que compõem o discurso oficial para o currículo do ensino médio, a noção de competências é tomada, como se pode notar, de forma fluida e ambígua. Ora se aproxima dos sentidos atribuídos à palavra *competências* no campo da educação profissional, ora se refere de modo mais restrito à interpretação da perspectiva piagetiana de competência cognitiva, outras vezes estabelece a associação entre competências e desempenho, de forma semelhante à feita por Noam Chomsky.

A explicitação de competências da maneira vista leva, ainda, a uma aproximação das proposições à Pedagogia de Objetivos dos anos

CURRÍCULO E COMPETÊNCIAS

60 e 70: em um e em outro caso, a intencionalidade da formação está prescrita por meio de uma listagem de comportamentos esperados, o que produz a semelhança. Essa aproximação não se reduz, no entanto, aos aspectos formais, mas expressa uma tentativa de adequação das perspectivas cognitivistas-construtivistas e/ou behavioristas de competências às anunciadas necessidades de adequação da escola às demandas de formação para o trabalho. Como observa Lopes:

> (...) a despeito de a reforma curricular do ensino médio afirmar princípios que aproximam o conceito de competências das perspectivas cognitivo-construtivistas, sua filiação dominante permanece sendo com a tradição dos eficientistas sociais e suas taxonomias de desempenhos e de comportamentos, submetida aos interesses da atual reorganização dos processos produtivos em um paradigma pós-fordista (Lopes, s./d.).

Pode-se reivindicar, para as proposições dos anos 90, menor rigor quanto à técnica de definição dos objetivos, maior aleatoriedade na intersecção entre eles e uma relação menos unívoca entre conteúdos e objetivos, no entanto, a explicitação das competências pretendidas, ainda que se reivindique uma possível interdisciplinaridade, gera a interpretação de que se trata de objetivos a serem alcançados reiterando-se, ainda, em virtude da maior ou menor amplitude com que são enunciadas, a possibilidade de separação entre *objetivos gerais* e *objetivos específicos*: os primeiros seriam as *competências* e, os segundos, as *habilidades*, reforçando uma confusão terminológica que as inúmeras páginas produzidas com o fim de promover as inovações curriculares não conseguiram resolver.

Da análise dos documentos oficiais produzidos com o propósito de reformar o currículo do ensino médio é possível depreender que a noção de competências, proposta como elemento organizador e definidor do currículo, comporta uma concepção instrumental da formação humana, que visa, em primeira instância, à adequação dessa formação a supostas e generalizáveis demandas do setor produtivo, em momento algum questionado em suas bases e conseqüências políticas, sociais e culturais. Dado esse caráter instrumental, o conhecimento é tomado de forma pragmática e reducionista, impondo ao currículo uma conotação igualmente utilitarista e eficienticista. Currículo e escola são tratados de forma descontextualizada, desconsiderando-se que resultam de mediações culturais, e, portanto, históricas. Tratadas desse modo, as prescrições curriculares externam a intenção de tornar a formação sujeita ao controle e, portanto, *administrada*.

Considerações finais

A reforma educacional empreendida a partir do início dos anos 90 no Brasil tem como uma de suas marcas a centralidade do currículo. Tal centralidade evidencia a intenção de se produzir alterações significativas no processo de formação humana que fica a cargo das escolas e, ao mesmo tempo, assegurar formas de controle sobre estas, por meio dos sistemas de avaliação. Para o ensino médio, firma-se a proposição de um currículo voltado para o desenvolvimento de competências, de imediato associado ao papel estratégico dessa orientação frente ao contexto em que se processa a reforma, marcado pela disseminação de um discurso que insiste na necessidade de adequação da escola às mudanças ocorridas no âmbito da economia.

A noção de competências é tomada como prescrição nuclear da organização curricular, favorecida também em virtude de sua proximidade com a idéia de competição e de competitividade. O caráter a-histórico de suas formulações originais facilmente se articula ao discurso das novas demandas de formação para o trabalho, base das justificativas da reorientação curricular.

A análise dos documentos oficiais permitiu identificar vários aspectos marcantes do texto curricular em suas explicitações em documentos de diferentes naturezas. Dentre estes, estão os fundamentos nas teorias *tradicionais* da competência — o construtivismo piagetiano, a sociolingüística de Chomsky e o modelo condutista de ensino. Trata-se de teorias que depositam, ora *nos sujeitos*, essencialmente, a capacidade, inata ou construída, de adquirir suas competências, ora no *ambiente/objeto de conhecimento* o fator preponderante de desenvolvimento de competências. Ao colocarem no sujeito *ou* no objeto essa primazia, desconsideram que a relação indivíduo — sociedade é sempre uma relação marcada por sua dimensão histórico-cultural. Ignorar essa dimensão produz uma determinada concepção da formação humana que privilegia o aspecto instrumental e oportuniza, sobretudo, a adaptação, em detrimento da possibilidade de uma formação que aproxime o indivíduo de momentos que o conduzam à diferenciação e à emancipação.

A multiplicidade de sentidos conferidos à noção de competências, seus significados, proximidades e distanciamentos no interior dos documentos oficiais, as implicações curriculares e para a formação humana, travaram permanentemente a interlocução com a adequação da formação a imperativos postos pelas mudanças no mundo do trabalho. O trabalho, enunciado muitas vezes como *princípio educativo*, para efeito dos dispositivos normativos, foi considerado em estreita referência para a adaptação dos processos formativos à lógica mercantil.

A análise das prescrições curriculares mostrou que o apelo à noção de competências como referência para a formação humana viabiliza uma perspectiva para a organização dos currículos na escola pautada em critérios como eficiência e produtividade. Por essa razão, é possível afirmar que a reforma curricular tem como finalidade última a administração da formação. A formação torna-se *administrada* quando está sujeita ao controle e se guia preponderantemente por interesses externos aos indivíduos. Adquire, assim, o *status* de semiformação.

Uma outra justificativa para a adoção da noção de competências foi a de que ela é capaz de responder ao problema do fracasso escolar. Nesse aspecto, as proposições oficiais se aproximaram das formulações de Philippe Perrenoud, que associa o currículo por competências à tentativa de enfrentamento do fracasso escolar por meio da produção de uma pedagogia que diferencie os percursos de formação. De modo semelhante a Piaget, um dos teóricos em que se apóia, Perrenoud toma as práticas sociais desprovidas de sua dimensão histórico-cultural. Não discute o processo de produção de identidade e diferença como um processo mediado, sobretudo, pela cultura. Esse autor restringe, ainda, o sentido da noção de competências ao afirmar que, na escola, desenvolver competências é exercitar os saberes em situações cotidianas. A experiência que resulta dessa proposição está limitada por um caráter pragmático, que toma o conhecimento em sentido utilitarista e não conduz à reflexão. Essas restrições aplicam-se, igualmente, ao discurso oficial, mesmo que este não se apóie, explicitamente, nas considerações postas pelo sociólogo suíço acerca da noção de competências.

Não se pode negar a problemática do fracasso escolar e a necessidade de que ele seja superado, mas não se pode considerá-lo, também, como resultado exclusivo ou preponderante das práticas escolares. O fracasso escolar é produzido *na* e *pela* sociedade, da qual a escola é parte. É certo que o fracasso escolar resulta, em parte, de práticas curriculares que tomam o conhecimento desprovido de significado e de sentido para os alunos. Mas tão certo quanto isso é saber que treinar para o emprego dos conhecimentos em situações práticas é insuficiente para superar as limitações do tratamento formal dado aos saberes na escola.

Se, ainda assim, se entender, como Perrenoud, que a noção de competências deva ser compreendida como o processo de mobilização de saberes e de recursos cognitivos de que um indivíduo dispõe, e que essa compreensão contribui para a atribuição de significados aos saberes escolares, torna-se imprescindível que se tome essa mobilização como resultado de uma ação que conduza à reflexão, à crítica e à autonomia de pensamento e ultrapasse o mero saber-fazer. Nesse sentido, a noção de competências deveria ser tomada muito mais em sua dimensão *explicativa* do que *prescritiva*, isto é, como um modo de se pensar a relação do indivíduo com o saber e de que forma se irá tomar essa relação ao se considerar as mediações entre indivíduo, sociedade e cultura no processo de escolarização.

Recolocar o discurso sobre o currículo e a escola, tomando para isso a noção de competências, aliada a termos como *interdisciplinaridade*, *contextualização*, *ética* e *estética*, dentre outros, confere aos textos da reforma a aparência de inovação. Em muitas das prescrições oficiais é possível identificar, inclusive, uma apropriação do discurso dos educadores. Inovação e apropriação servem para produzir legitimidade e congregar adeptos às proposições oficiais. Nesse movimento, consubstancia-se aquilo que Bernstein (1996) chama de discurso regulativo. No confronto entre o *discurso instrucional* e as teorias e as práticas já legitimadas, forja-se um novo *discurso regulativo* que, de algum modo, responde às postulações oficiais e leva os educadores a aderirem ao projeto de escola — e de sociedade — posto pelos enunciados da reforma e por seus propositores, ainda que tal adesão se dê de forma limitada.

As finalidades e os procedimentos da reforma curricular são tomados pelos professores como referência para seu trabalho. O currículo *prescrito* torna-se currículo *vivo*. Nesse processo, o currículo institui-se como campo de resistência. Os professores fazem múltiplas e diferenciadas leituras dos documentos oficiais, confrontam suas determinações com as efetivas condições das escolas e com as condições de sua própria formação. Nesse processo, a escola ressignifica os dispositivos normativos, reinterpretam, atribuem novos sentidos. Estamos diante, então, de uma dupla possibilidade: ou a escola busca se adequar, sem maiores reflexões, ao novo discurso, traduzindo com isso uma racionalidade que se fossilizou diante da responsabilidade da formação, ou não se contenta com o mero adaptar-se ao discurso, potencializa a oportunidade para a reflexão e gera a possibilidade do currículo como campo de resistência.

Captar o impacto que as propostas de reforma educacional produzem sobre a escola implica operar com as dimensões contraditórias postas na conformação da cultura escolar. A leitura dos textos

CURRÍCULO E COMPETÊNCIAS

oficiais precisa ser compreendida como um processo partilhado e contrastante e, portanto, não homogêneo, caracterizado por distintas práticas de apropriação que geram as representações constitutivas das mudanças.

As representações e as práticas que se formalizam no interior das escolas, em decorrência da leitura das prescrições oficiais, são mediadas pelos códigos que geram uma nova prática discursiva, produtora de novos ordenamentos e de novas divisões resultantes das diferentes formas de interpretação. Essa nova prática discursiva carrega em si as tensões, os conflitos, as lutas de representação, enfim, que se confrontam nos processos que dotam de sentido as práticas culturais escolares. Constitui-se, assim, em objeto ímpar que possibilita refletir criticamente sobre a escola, produzir interpretações originais dos movimentos realizados com o fim de provocar mudanças em seu interior, bem como apontar encaminhamentos que dêem respostas efetivas aos problemas da escola.

Os dispositivos normativos não são, portanto, incorporados de forma "espelhada" pelas escolas. Em primeiro lugar, porque eles se deparam com princípios e práticas já existentes; em segundo lugar, porque cada escola possui seu próprio tempo e ritmo e reage de maneira diferente às inovações. Por essa razão, os impactos que causam as políticas públicas sobre a educação no interior das escolas possuem um caráter sempre relativo. As prescrições presentes nos textos das reformas educacionais, por exemplo, chegam às escolas como manifestações de tentativas de se provocar mudanças e carregam em si determinados modos de exercício de poder. As leituras realizadas pelos educadores reagem a essas intervenções — ao incorporá-las ou ao negá-las — e, desse movimento, resulta algo que se distancia, às vezes mais, às vezes menos, das formulações originais presentes no discurso oficial.

O estudo da reforma educacional, de seus enunciados, das normas que prescrevem, e que têm como objetivo definir rumos para a formação humana, é, no entanto, imprescindível, sobretudo quando é possível estudá-la em pleno movimento, isto é, em seu *acontecendo*, pois, desse modo, pode-se flagrar as contradições do discurso oficial e, ao mesmo tempo, captar o modo como é apropriado pelos educadores. Pode-se, assim, visualizar o alcance da reforma e mesmo que esta não chegue a alterar a totalidade das práticas educativas, produz mudanças, gera novos discursos e novas práticas que necessitam ser conhecidas, analisadas, problematizadas, e que permitem dimensionar os impactos que pode causar sobre a formação que se processa no interior da escola.

Caberia indagar, portanto, que movimentos têm-se operado entre as proposições oficiais e a interpretação destas pelos educadores, considerando-se o pressuposto de que as escolas reconfiguram, reinterpretam, reconstroem os dispositivos normativos. Aí reside, justamente, a condição relativa da reforma e também a riqueza do fazer educativo: a impossibilidade de que ele se submeta plenamente ao controle.

Referências bibliográficas

ADORNO, Theodor W. Capitalismo tardio ou sociedade industrial. In: COHN, Gabriel (Org.). *Grandes cientistas sociais*. São Paulo: Ática, 1986.

_____. *Educação e emancipação*. Trad. de Wolfgang Leo Maar. Rio de Janeiro: Paz e Terra, 1995.

_____. Educação após Auschwitz. In: *Educação e emancipação*. Trad. de Wolfgang Leo Maar. Rio de Janeiro: Paz e Terra, 1995a.

_____. A filosofia e os professores. In: *Educação e emancipação*. Trad. de Wolfgang Leo Maar. Rio de Janeiro: Paz e Terra, 1995b.

_____. A educação contra a barbárie. In: *Educação e emancipação*. Trad. de Wolfgang Leo Maar. Rio de Janeiro: Paz e Terra, 1995c.

_____. Educação — para quê? In: *Educação e emancipação*. Trad. de Wolfgang Leo Maar. Rio de Janeiro: Paz e Terra, 1995d.

_____. Tabus acerca do magistério. In: *Educação e emancipação*. Trad. de Wolfgang Leo Maar. Rio de Janeiro: Paz e Terra, 1995e.

_____. O que significa elaborar o passado. In: *Educação e emancipação*. Trad. de Wolfgang Leo Maar. Rio de Janeiro: Paz e Terra, 1995f.

_____. Experiências científicas nos Estados Unidos. In: *Palavras e sinais. Modelos críticos 2*. Trad. de Maria Helena Ruschel. Petrópolis: Vozes, 1995f.

_____. Teoria da semicultura. In: *Educação & Sociedade*, ano XVII, n. 56, dez./1996.

ADORNO, T.; HORKEIMER, M. Cultura e civilização. In: *La sociedaded. Lecciones de sociologia*. Buenos Aires: Proteo, 1969.

ADORNO, T.; HORKEIMER, M. Indivíduo. In: *Temas básicos de sociologia*. São Paulo: Cultrix, 1978.

_____. O conceito de esclarecimento. In: *Dialética do esclarecimento. Fragmentos filosóficos*. Trad. de Guido Antonio de Almeida. Rio de Janeiro: Zahar, 1985a.

_____. A indústria cultural: o esclarecimento como mistificação das massas. In: *Dialética do esclarecimento. Fragmentos filosóficos*. Trad. de Guido Antonio de Almeida. Rio de Janeiro: Zahar, 1985b.

ANDRADE, Flávio Anício. Reestruturação produtiva, Estado e educação no Brasil de hoje. *Reunião Anual da ANPED*, 24. Caxambu, MG, 2001.

APPLE, M. *Ideologia e currículo*. Trad. de Carlos Eduardo Ferreira de Carvalho. São Paulo: Brasiliense, 1982.

_____. *Educação e poder*. Trad. de Maria Cristina Monteiro. Porto Alegre: Artes Médicas, 1989.

_____. *Conhecimento oficial: a educação democrática numa era conservadora*. Trad. de Maria Isabel Edelweiss. Petrópolis: Vozes, 1997.

_____. *Política cultural e educação*. Trad. de Maria José do Amaral Ferreira. São Paulo: Cortez, 2000.

ARROYO, Miguel. Fracasso-sucesso: o peso da cultura escolar e do ordenamento da educação básica. In: ABRAMOWICZ, A.; MOLL, J. (Orgs.). *Para além do fracasso escolar*. Campinas: Papirus, 1997.

BERNSTEIN, Basil. *Classes, códigos e controle. A estruturação do discurso pedagógico*. Trad. de Tomaz Tadeu da Silva e Luís Fernando Gonçalves Pereira. Petrópolis: Vozes, 1996.

BERTALANFFY, Ludwig von. *Teoria geral de sistemas*. Petrópolis: Vozes, 1968.

BIANCHETTI, Lucídio; JANTSCH, Ari P. *Interdisciplinaridade. Para além da filosofia do sujeito*. Petrópolis: Vozes, 1995.

BLOOM, B. S. et al. *Taxionomia de objetivos educacionais*: domínio cognitivo. Porto Alegre: Globo, 1972.

BONAMINO, Alicia C. *Tempos de avaliação. O SAEB, seus agentes, referências e tendências*. Rio de Janeiro: Quartet, 2002.

BOURDIEU, Pierre. Reproduction culturelle et reproduction sociale. Comunicação apresentada no Colóquio da Associação Britânica de Sociologia, em abril de 1970. In: MICELI, Sérgio (Org.). *A economia das trocas simbólicas.* São Paulo: Perspectiva, 1974.

BOUTINET, Jean Pierre. *Antropologia do Projeto.* Porto Alegre: Artmed, 2002.

BRASIL. Ministério da Educação. Secretaria Nacional de Educação Básica. *Ensino Médio como Educação Básica.* São Paulo: Cortez; Brasília: SENEB, 1991. (Cadernos SENEB, 4.)

_____. *Plano decenal de educação para todos. 1993-2003.* Brasília: MEC, 1993.

_____. MEC. Portaria n. 1.795, de 27 de dezembro de 1994. Dispõe sobre a criação do Sistema Nacional de Avaliação. Brasília: MEC, 1994.

_____. MEC/SEMTEC. BERGER Filho, Rui Leite. *Política para o Ensino Médio.* Brasília: MEC/SEMTEC, 1995. (Mimeo.)

_____. *Lei de Diretrizes e Bases da Educação Nacional.* Lei 9.394/96, de 20 de dezembro de 1996.

_____. Ministério do Trabalho. *Habilidades, questão de competências?* Brasília: FAT/CODEFAT/MTb/SEFOR, out. 1996.

_____. Ministério do Trabalho. *PLANFOR — Plano Nacional de Educação Profissional.* 2. ed. Revista. Brasília, out. 1996.

_____. Conselho Nacional de Educação. Câmara da Educação Básica. *Parecer 3/97. Sobre os Parâmetros Curriculares Nacionais.* Brasília: CNE/CEB, 1997.

_____. MEC. INEP. *Matrizes Curriculares de Referência para o SAEB.* Brasília, 1997.

_____. Decreto n. 2.208, de 17 de abril de 1997. Regulamenta o § 2º do art. 36 e os arts. 39 a 42 da Lei n. 9.394/96, de 20 de dezembro de 1996, que estabelecem as diretrizes e bases da Educação Nacional.

_____. Conselho Nacional de Educação. Câmara da Educação Básica. *Parecer 4/98. Diretrizes Curriculares Nacionais para o Ensino Fundamental.* Brasília: CNE/CEB, 1998.

_____. Conselho Nacional de Educação. Câmara da Educação Básica. *Parecer 15/98. Diretrizes Curriculares Nacionais para o Ensino Médio.* Brasília: CNE/CEB, 1998.

_____. Conselho Nacional de Educação. Câmara da Educação Básica. *Resolução n. 3, de 26 de junho de 1998. Institui as Diretrizes Curriculares Nacionais para o Ensino Médio.* Brasília: CNE/CEB, 1998.

BRASIL. Ministério da Educação. *Parâmetros Curriculares Nacionais para o Ensino Médio*. Brasília. MEC/SEMTEC, 1999.

_____. Conselho Nacional de Educação. Câmara da Educação Básica. *Parecer 16/99. Diretrizes Curriculares Nacionais para a Educação Profissional*. Brasília: CNE/CEB, 1999.

_____. Conselho Nacional de Educação. Câmara da Educação Básica. *Resolução 4/99. Institui as Diretrizes Curriculares Nacionais para a Educação Profissional*. Brasília: CNE/CEB, 1999.

_____. MEC. *Educação Brasileira. Políticas e Resultados*. Brasília: MEC/INEP, 1999.

_____. MEC. SEMTEC. *ENEM — Documento Básico*. Brasília: MEC/INEP, 2000.

_____. MEC. INEP. *Relatório EFA 2000*. Brasília: MEC/INEP, 2000.

_____. MEC. SEMTEC. *Projeto Escola Jovem*. Brasília: MEC/INEP, 2000.

_____. MEC. SEMTEC. *Projeto Alvorada*. Brasília: MEC/INEP, 2001.

_____. MEC. *Desempenho Educacional 1994-1999*. Brasília: MEC/INEP, 2000.

_____. MEC. *Ensino Médio*: os desafios da inclusão. Brasília: MEC/INEP, 2001.

_____. Conselho Nacional de Educação. Câmara da Educação Básica. *Parecer 6/01. Responde a consulta sobre os Currículos do Ensino Fundamental e Médio*. Brasília: CNE/CEB, 2001.

_____. *Plano Nacional de Educação — PNE*. Lei n. 10.172, de 9 de janeiro de 2001.

_____. MEC. *Proposta de Diretrizes Curriculares para a Formação de Professores*. Brasília: MEC/INEP, 2001.

_____. MEC. *Mobilização Nacional pela Nova Educação Básica*. Brasília, 2001.

_____. MEC. *Documento Síntese da Mobilização Nacional pela Nova Educação Básica*. Brasília, 2001.

_____. MEC. *Educação no Brasil. 1995-2001*. Brasília: MEC/INEP, 2001.

_____. MEC. SEMTEC. Seminário Internacional "Escola Jovem: um novo olhar sobre o Ensino Médio". Brasília, 2000.

BRASIL. INEP. *ENEM — Relatório Final.* Brasília: MEC/INEP, 2001.

INEP. *ENEM — Relatório Pedagógico.* MEC/INEP, 2002.

BRASLAVSKY, Cecília. As novas tendências mundiais e as mudanças curriculares no ensino médio do Cone Sul da década de 90. Texto apresentado no Seminário Internacional "Escola Jovem: um novo olhar sobre o ensino médio". Brasília, 2000.

BRUNER, Jerome S. *O processo da educação.* Trad. de Lólio Lourenço de Oliveira. 8. ed. São Paulo: Nacional, 1987. (Série Atualidades Pedagógicas, v. 126.)

BUENO, Maria S. S. Orientações nacionais para a reforma do ensino médio. *Cadernos de Pesquisa,* n° 109, mar. 2000a.

_____. *Políticas atuais para o ensino médio.* Campinas: Papirus, 2000b.

CASTRO, C. M.; CARNOY, M. *Como anda a reforma educacional na América Latina?* Rio de Janeiro: Fundação Getúlio Vargas, 1995.

CATANI, Afrânio Mendes. A sociologia de Pierre Bourdieu. (Ou como um autor se torna indispensável ao nosso regime de leituras.) *Educação & Sociedade,* v. 23, n. 78, 2002.

CATANI, Afrânio Mendes; OLIVEIRA, João Ferreira; DOURADO, L. F. Mudanças no mundo do trabalho e reforma curricular dos cursos de graduação no Brasil. REUNIÃO ANUAL DA ANPED, 23. Caxambu, MG, 2000.

CENTRO INTERNACIONAL DE FORMAÇÃO DA OIT. Normalização, formação e certificação de competências. (Curso.) Belo Horizonte, 12 a 13 mar. 2001. Mimeo.

CEPAL/UNESCO. *Educación y conocimiento*: eje de la transformación produtiva con equidad. Santiago, 1992.

CHARLOT, Bernard. *Da relação com o saber. Elementos para uma teoria.* Trad. de Bruno Magne. Porto Alegre: Artmed, 2000.

CHESNAIS, F. *A mundialização do capital.* Trad. de Silvana Finzi Foá. São Paulo: Xamã, 1996.

CHOMSKY, N. *Linguagem e pensamento.* 2. ed. Trad. Francisco M. Guimarães. Petrópolis: Vozes, 1971.

_____. *Aspectos da teoria da sintaxe.* Trad. de Armando Mora D'Oliveira. 3. ed. São Paulo: Abril Cultural, 1985. (Coleção Os Pensadores.)

COLL, Cesar et al (Orgs.) *Os conteúdos da reforma. Ensino e aprendizagem de conceitos, procedimentos e atitudes*. Trad. Beatriz Affonso Neves. Porto Alegre: Artmed, 2000.

DALE, Roger. A educação e o estado capitalista: contribuições e contradições. *Educação e Realidade*, Porto Alegre, 13(1): 17-37, jan./jun. 1988.

DEFFUNE, Deisi; DEPRESBITERIS, Lea. As múltiplas faces da competência. In: BRASIL. Ministério do Trabalho. Secretaria de Formação Profissional. *Educação profissional*: o debate das competências. Brasília: MTb: SEFOR, 1997.

DELORS, Jacques. *Educação*: um tesouro a descobrir. Relatório para a UNESCO da Comissão Internacional sobre Educação para o Século XXI. 4. ed. São Paulo: Cortez; Brasília: MEC: UNESCO, 2000.

DEL PINO, Mauro Augusto Burkert. Neoliberalismo, crise e educação. In: *Universidade e Sociedade*, ano VI, n. 10, jan. 1996.

DEWEY, John. *The Child and the Curriculum*. New York: Teachers College Press, 1994.

DUARTE, Newton. *Vigotski e o "aprender a aprender" (crítica às apropriações neoliberais e pós-modernas da teoria vigotskiana)*. 1999. Tese (Pós-doutorado.) UNESP, Araraquara.

_____. As pedagogias do "aprender a aprender" e algumas ilusões da assim chamada sociedade do conhecimento. REUNIÃO ANUAL DA ANPED, 24. Caxambu, MG, 2001.

DUCCI, María Angélica. El enfoque de competencia laboral en la perspectiva internacional. In: OIT/VVAA. Formación basada en competencia laboral. Montevideo: Cinterfor, 1997.

EDUCAÇÃO & SOCIEDADE nº 64. Dossiê Competência, qualificação e trabalho, ano XIX, set. 1998.

_____ nº 70. Dossiê Ensino médio, ano XXI, abr. 2000.

_____ nº 73. Dossiê Políticas curriculares e decisões epistemológicas", ano XXI, dez. 2000.

FERRETI, C.; SILVA JR., J. R. Educação profissional numa sociedade sem empregos. *Cadernos de Pesquisa*, nº 109, mar. 2000.

FERRETI, C.; SILVA JR., J. R. et al. (Orgs.). *Novas tecnologias, trabalho e educação*. Petrópolis: Vozes, 1994.

_____. Formação profissional e reforma do ensino técnico no Brasil: anos 90. In: *Educação & Sociedade*, v. 18, n° 59, ago. 1997.

FERRETI, C., SILVA JR., J. R., OLIVEIRA, M. R. N. S. (Orgs.). *Trabalho, formação e currículo. Para onde vai a escola*. São Paulo: Xamã, 1999.

FIDALGO, Fernando Selmar. A lógica das competências: contribuições teórico-metodológicas para as comparações internacionais. *Pro-posições*. Campinas: UNICAMP, 2002.

FOULIN, Jean-Nöel; MOUCHON, Serge. *Psicologia da educação*. Trad. de Vanise Dresh. Porto Alegre: Artes Médicas Sul, 2000.

FREIRE, Paulo. *A importância do ato de ler. Em três artigos que se completam*. 13. ed. São Paulo: Cortez, 1986.

_____. *Pedagogia do oprimido*. 9. ed. Rio de Janeiro: Paz e Terra, 1983.

FRIGOTTO, G. *Educação e crise do capitalismo real*. São Paulo: Cortez, 1995.

GIROUX, Henry. *Pedagogia radical. Subsídios*. Trad. de Dagmar M. L. Zibas. São Paulo: Cortez, 1983.

_____. *Theory and resistance in education : a pedagogy for the opposition* Critical perspectives in social theory. South Hadley, Mass.: Bergin & Garvey, 1983.

_____. *Ideology, culture & the process of schooling*. Philadelphia London: Temple University Press, Falmer Press, 1981.

HAMILTON, David. Sobre as origens dos termos classe e curriculum. *Teoria & Educação*, n° 6, Porto Alegre, 1992.

HARVEY, David. *Condição pós-moderna*. 4. ed. São Paulo: Loyola, 1994.

HIRATA, Helena. Da polarização das qualificações ao modelo de competências. In: FERRETI, C., ZIBAS, D. M. L., MADEIRA, F.R., FRANCO, M.L. *Novas Tecnologias, Trabalho e educação. Um debate multidisciplinar*. Petrópolis: Vozes, 1994.

ISAMBERT-JAMATI, Viviane. O apelo à noção de competência na Revista *L'Orientation Scolaire et Professionelle* — da sua criação aos dias de hoje. In: TANGUI, L., ROPÉ, F. *Saberes e competências. O uso de tais noções na escola e na empresa*. Trad. de Patrícia C. Ramos. Campinas: Papirus, 1997.

KUENZER, Acácia Z. A questão do ensino médio no Brasil. A difícil superação da dualidade estrutural. In: *Trabalho e educação*. Campinas: Papirus: CEDES; São Paulo: ANDE, ANPED, 1992. (Coletânea CBE.)

_____. Mudanças tecnológicas sobre a educação do trabalhador. SEMINÁRIO GLOBALIZAÇÃO E ESTADO: UNIVERSIDADE EM MUDANÇA. *Anais...* Curitiba: UFPR/SENAI, 1996a.

_____. O ensino médio no contexto das políticas públicas de educação no Brasil. REUNIÃO ANUAL DA ANPED, 19. Caxambu, 1996b.

_____ (Org.). *Ensino médio. Construindo uma proposta para os que vivem do trabalho*. São Paulo: Cortez, 2000a.

_____. O ensino médio agora é para a vida: entre o pretendido, o dito e o feito. *Educação & Sociedade*, ano XXI, n° 70, Campinas: CEDES, 2000b.

_____. Conhecimento e competências no trabalho e na escola. REUNIÃO ANUAL DA ANPED, 25. Caxambu, MG, 2002.

LE BOTERF, G. *De la competence. Essai sur un attracteur étrange*. Paris: Les Éditions D'Organization, 1994.

LEITE, Luci Banks. As dimensões interacionista e construtivista em Vygotsky e Piaget. *Cadernos CEDES 24 — Pensamento e Linguagem. Estudos na perspectiva da psicologia soviética*. Campinas: Centro de Estudos Educação e Sociedade: Papirus, 1991.

LEITE, Márcia Paula. Modernização tecnológica e relações de trabalho. In: FERRETI, Celso João et. al. (orgs.). Novas *tecnologias, trabalho e educação*. Petrópolis: Vozes, 1994.

LÉVI-STRAUSS, Claude. A noção de estrutura em etnologia. *Seleção de textos*. São Paulo: Abril Cultural, 1976. (Coleção Os Pensadores.)

_____. *La pensée sauvage*. Paris: Plon, 1962.

LOPES, Alice Casimiro. Competências na organização curricular da reforma do ensino médio. *Boletim SENAC*. Disponível em: *www.senac-nacional.br/informativo/BTS/273/boltec273a.htm*.

_____. Os parâmetros curriculares nacionais para o ensino médio e a submissão ao mundo produtivo: o caso do conceito de contextualização. *Educação & Sociedade*, v. 23, n° 80, 2002.

LYONS, John. *As idéias de Chomsky*. Tradução de Octanny Silveira da Mota e Leonidas Hegenberg. São Paulo: Cultrix. EDUSP, 1973.

MAAR, Wolfgang Leo. Lukács, Adorno e o problema da formação. *Lua Nova* — *Revista de Cultura e Política*, CEDC/Marco Zero n. 27, 1992.

_____. Educação crítica, formação cultural e emancipação política na escola de Frankfurt. In: PUCCI, B. (Org.) *Teoria crítica e educação*. A questão da formação cultural na escola de Frankfurt. 2. ed. Petrópolis: Vozes; São Carlos: EDUFISCAR, 1995a.

_____. *Introdução à educação e emancipação*. Rio de Janeiro: Paz e Terra, 1995b.

_____. Educação e experiência em Adorno. In: PAIVA, V. (Org.). A atualidade da escola de Frankfurt. Contemporaneidade e educação. *Revista Semestral de Ciências Sociais e Educação*. Instituto de Estudos da Cultura e Educação Continuada. Ano I, n. 0, Rio de Janeiro: IEC, 1996.

MACEDO, Elizabeth. Formação de professores e diretrizes curriculares nacionais: para onde caminha a Educação? *Reunião Anual da ANPED*, 43. Caxambu, MG, 2000.

MACEDO, Elizabeth. Currículo e competência. In: LOPES, Alice Casimiro e MACEDO, Elizabeth. *Disciplinas e Integração Curricular*. Rio de Janeiro: DP&A, 2002.

MACHADO, Lucília. *Politecnia, escola unitária e trabalho*. São Paulo: Cortez, 1989.

_____. Mudanças tecnológicas e a educação da classe trabalhadora. In: *Trabalho e educação*. Campinas: Papirus: CEDES; São Paulo: ANDE, ANPED, 1992. (Coletânea CBE.)

_____. A educação e os desafios das novas tecnologias. In: FERRETI, Celso João et al. (Orgs.). *Novas tecnologias, trabalho e educação*. Petrópolis: Vozes, 1994.

_____. Educação básica, empregabilidade e competência. REUNIÃO ANUAL DA ANPED, 19. Caxambu, 1996.

_____. O "modelo de competências" e a regulação da base curricular nacional e de organização do ensino médio. *Trabalho & Educação, Revista do NETE*. Belo Horizonte: UFMG, n. 4, ago./dez. 1998.

MACHADO, Lucília. A institucionalização da lógica das competências no Brasil. *Pro-posições*. Campinas: UNICAMP, 2002.

MANFREDI, Silvia Maria. Editorial — Revista Especial — competência, qualificação e trabalho. *Educação & Sociedade*, ano XIX, n. 64, set. 1998a.

_____. Trabalho, qualificação e competência profissional — das dimensões conceituais e políticas. *Educação & Sociedade*, ano XIX, n. 64, set. 1998b.

MARCUSE, Herbert. *Idéias sobre uma teoria crítica da sociedade.* Trad. de Fausto Guimarães. Rio de Janeiro: Paz e Terra, 1972.

_____. *A ideologia da sociedade industrial. O homem unidimensional.* Trad. de Giasone Rebuá. Rio de Janeiro: Zahar, 1982.

_____. Cultura e sociedade — comentários para uma redefinição de cultura. In: *Cultura e sociedade.* Trad. de Wolfgang Leo Maar, Isabel Maria Loureiro e Robespierre de Oliveira. Rio de Janeiro: Paz e Terra, 1998, v. II.

MARKERT, Werner. Novos paradigmas do conhecimento e modernos conceitos de produção: implicações para uma nova didática na formação profissional. *Educação & Sociedade*, ano XXI, n. 72, 2000a.

_____. Novas competências no mundo do trabalho e suas contribuições para a formação do trabalhador. REUNIÃO ANUAL DA ANPED, 23. Caxambu, 2000b.

_____. Trabalho, universalidade, comunicação e sensibilidade — aspectos teórico-metodológicos para um conceito dialético de competência. Reunião Anual da ANPED, 24. Caxambu, 2001.

_____. Trabalho e comunicação. Reflexões sobre um conceito dialético de competência. *Educação & Sociedade*. Campinas, ano XXIII, n. 79, 2002.

MEIRIEU, Philippe. *Aprender, sim...mas como?* Porto Alegre: Artmed, 2001.

MELLO, Guiomar Namo. *Cidadania e competitividade.* 7. ed. São Paulo: Cortez, 1998.

MERTENS, Leonard. Competência laboral: sistemas, surgimiento y modelos. Montevideo: Cinterfor, 1996. Disponível em: <www.cinterfor.org.uy>.

_____. Sistemas de competência laboral: surgimiento e modelos. In: OIT/VVAA. *Formación basada en competencia laboral.* Montevideo: Cinterfor, 1997.

MORAES, Carmen Sylvia V. Introdução ao Documento *Diagnóstico da Formação Profissional — Ramo Metalúrgico.* Brasil, São Paulo: CNM/Rede Unitrabalho, 1999.

MOREIRA, Antonio Flávio B. Neoliberalismo, currículo nacional e avaliação. In: SILVA, L. H.; AZEVEDO, J. C. (Orgs.). *Reestruturação curricular. Teoria e prática no cotidiano escolar*. Petrópolis: Vozes, 1995a.

_____. Parâmetros curriculares nacionais: em busca de alternativas. In: *Revista da AEC*, Brasília, n. 97, 1995b.

_____. *Currículo*: políticas e práticas. Campinas: Papirus, 1996a.

_____. Parâmetros curriculares nacionais: críticas e alternativas. In: SILVA, T. T.; GENTILI, P. *Escola S. A.* Brasília: CNTE, 1996b.

_____. A psicologia e o resto. O currículo segundo César Coll. *Cadernos de Pesquisa*, n. 100, 1997.

_____. O campo do currículo no Brasil nos anos 90. In: *Didática, currículo e saberes escolares*. Rio de Janeiro: DP&A, 2000.

MOREIRA, A. F.; SILVA, T. T. (Orgs.). *Currículo, cultura e sociedade*. 2. ed. revista. São Paulo: Cortez, 1995.

MOTTA, Fernando C.; PEREIRA, Luis C. B. *Introdução à organização burocrática*. 5. ed. São Paulo: Brasiliense, 1986.

NAGEL, Thomas; RICHIMAN, Paul. *Ensino para competência*: uma estratégia para eliminar fracasso. Trad. de Cosete Ramos. Porto Alegre: Globo, 1977.

NOGUEIRA, Maria Alice. Apresentação ao artigo: A escola conservadora: as desigualdades frente à escola e à cultura, de Pierre Bourdieu. *Educação em Revista*, n. 10, Belo Horizonte, dez. 1989.

NOGUEIRA, Maria Alice; CATANI, Afrânio Mendes. Uma sociologia da produção do mundo cultural e escolar. In: BOURDIEU, Pierre. *Escritos de educação*. Organização, introdução e notas de Maria Alice Nogueira e Afrânio Mendes Catani. 3. ed. Petrópolis: Vozes, 2001.

OIT/CINTERFOR. *Formación basada en competência laboral*: situación actual y perspectivas. Montevideo: Cinterfor, 1997.

PACHECO, José Augusto. Competências curriculares: as práticas ocultas nos discursos das reformas. Reunião Anual da ANPED, 24. Caxambu, 2001.

PEREZ GOMES, A. S.; SACRISTÁN, J. G. *Compreender e transformar o ensino*. Trad. de Ernani F. da Fonseca. 4. ed. Porto Alegre: Artmed, 1998.

PERRENOUD, Philippe. *Práticas pedagógicas, profissão docente e formação*. Trad. de Helena Faria. Lisboa: Dom Quixote, 1993.

PERRENOUD, Philippe. *Construir as competências desde a escola*. Trad. de Bruno Charles Magne. Porto Alegre: Artmed, 1999.

_____. *Dez novas competências para ensinar*. Trad. de Patrícia Chittoni Ramos. Porto Alegre: Artmed, 2000a.

_____. *Pedagogia diferenciada. Das intenções à ação*. Trad. de Patrícia Chittoni Ramos. Porto Alegre: Artmed, 2000b.

_____. Construir competências é virar as costas aos saberes? *Pátio*. Porto Alegre: Artes Médicas, ano 3, n. 11, nov. 1999/jan. 2000c.

_____. Entrevista à Revista *Nova Escola*. São Paulo: Fundação Vitor Civita, set. 2000d.

_____. *A pedagogia na escola das diferenças. Fragmentos de uma sociologia do fracasso*. 2. ed. Trad. de Cláudia Schilling. Porto Alegre: Artmed, 2001a.

_____. *Ensinar*: agir na urgência e decidir na incerteza. Saberes e competências em uma profissão complexa. Trad. de Cláudia Schilling. Porto Alegre: Artmed, 2001b.

_____. O currículo por competências. Seminário Internacional de Educação, 2. Brasília/SINEPE. 2002. (mimeo.)

PIAGET, J. *Biologie et connaissance*. Paris: Gallimard, 1973.

_____. *Aprendizagem e conhecimento*. São Paulo: Freitas Bastos, 1974.

_____. *Sabedoria e ilusões da filosofia*. Tradução de Nathanael C. Caixeiro. São Paulo: Abril Cultural, 1975a. (Coleção os Pensadores.)

_____. *Problemas de psicologia genética*. Tradução de Nathanael C. Caixeiro. São Paulo: Abril Cultural, 1975b. (Coleção os Pensadores.)

_____. *A epistemologia genética*. Tradução de Nathanael C. Caixeiro. São Paulo: Abril Cultural, 1975c. (Coleção os Pensadores).

_____. Psicogênese dos conhecimentos e seus significados epistemológicos. In: PIATELLI-PALMERINI, Massimo (coord.). *Teorias da linguagem, teorias da aprendizagem. O debate entre Jean Piaget & Noam Chomsky*. Trad. de Álvaro Cabral. São Paulo: Cultrix: EDUSP, 1983.

_____. *Seis estudos de psicologia*. Trad. de Maria Alice Magalhães D'Amorim e Paulo Sérgio Lima. Rio de Janeiro: Forense Universitária, 1984.

PIAGET, J.; INHELDER, B. *A psicologia da criança*. Trad. de Octavio Mendes Cajada. 12 ed. Rio de Janeiro: Bertrand Brasil, 1995.

PIATTELLI-PALMERINI, Massimo (Coord.). *Teorias da linguagem, teorias da aprendizagem. O debate entre Jean Piaget & Noam Chomsky.* Trad. de Álvaro Cabral. São Paulo: Cultrix: EDUSP, 1983.

POPKEWITZ, Thomas. *Reforma educacional. Uma política sociológica. Poder e conhecimento em educação.* Trad. Beatriz Afonso Neves. Porto Alegre: Artes Médicas, 1997.

PUCCI, Bruno. Teoria crítica e educação. In: *Teoria crítica e educação. A questão da formação cultural na escola de Frankfurt.* 2. ed. Petrópolis: Vozes; São Carlos: EDUFISCAR, 1995.

RAMOS, Marise Nogueira. *Da qualificação à competência*: deslocamento conceitual na relação trabalho-educação. 2001. Tese (Doutorado) — Universidade Federal Fluminense, Niterói.

_____ A pedagogia das competências e a psicologização das questões sociais. *Boletim Senac.* Disponível em: <http://www.senac.com.br/informativo/BTS/273/boltec273c.htm>

_____. A educação profissional pela pedagogia das competências: para além dos documentos oficiais. *Educação & Sociedade,* v. 23, n. 80, 2002.

RAMOS-DE-OLIVEIRA, Newton. A escola, esse mundo estranho. In: PUCCI, B. (Org.). *Teoria crítica e educação. A questão da formação cultural na escola de Frankfurt.* 2. ed. Petrópolis: Vozes; São Carlos: EDUFISCAR, 1995.

_____. Do ato de ensinar numa sociedade administrada. *Cadernos CEDES.* Campinas, v. 21, n. 54, agosto de 2001.

RODRIGUES, Ada Natal. *Saussure — Jakobson — Hjelmslev — Chomsky. Vida e obra.* São Paulo: Abril Cultural, 1985. (Coleção Os Pensadores.)

SACRISTÁN, Jose Gimeno. Reformas educacionais: utopia, retórica e prática. In: SILVA, Tomaz Tadeu; GENTILE, Pablo. *Escola S. A.* Brasília: CNTE, 1996a.

_____. Escolarização e cultura: a dupla determinação. In: SILVA, L. H. et al. *Novos mapas culturais, novas perspectivas educacionais.* Porto Alegre: Sulina, 1996b.

SAVIANI, Dermeval. *A nova lei da educação*: trajetória, limites e perspectivas. 2. ed. rev. Campinas: Autores Associados, 1997.

SAVIANI, Dermeval. *Comentários sobre o Parecer Diretrizes Curriculares Nacionais para o Ensino Médio, de Guiomar Namo de Mello.* Audiência pública convocada pela Câmara de Educação Básica do Conselho Nacional de Educação, em conjunto com o Conselho Estadual de Educação de São Paulo, 18 de maio de 1998. (Mimeo.)

SCHWARTZ, Yves. Os ingredientes da competência: um exercício necessário para uma questão insolúvel. *Educação & Sociedade,* v. 19, nº 65, 1998.

SHIROMA, Eneida et al. Qualificação e reestruturação produtiva: um balanço das pesquisas em educação. *Educação & Sociedade,* ano XVIII, nº 61, 1998.

SHIROMA, E., MORAES, M. C. M., EVANGELISTA, O. *Política educacional.* Rio de Janeiro: DP&A, 2000.

SILVA, Monica Ribeiro. O ensino médio no contexto da reforma curricular e do modelo de competências. *Congresso Internacional dos Expoentes na Educação. Livro do Congresso.* Curitiba, PR, 2000.

_____. Currículo, reformas e a questão da formação humana: uma reflexão a partir da Teoria Crítica da Sociedade. *Educar em Revista.* Curitiba: Editora da UFPR, 2001.

_____. Competências: a pedagogia do "Novo Ensino Médio". 2003. Tese (Doutorado) — PUC, São Paulo.

_____. Competências: fluidez e ambigüidades para administrar a formação do "novo" trabalhador. REUNIÃO ANUAL DA ANPED, 24. Caxambu — MG, 2004.

SILVA, Tomaz Tadeu. A nova direita e as transformações na pedagogia da política e na política da pedagogia. In: GENTILI, P. *Neoliberalismo, qualidade total e educação.* São Paulo: Cortez, 1986.

_____. *Teoria educacional crítica em tempos pós-moderno.* Porto Alegre: Artes Médicas, 1993.

_____. *O currículo como fetiche. A poética e a política do texto curricular.* Belo Horizonte: Autêntica, 1999a.

_____. Educação, trabalho e currículo na era do pós-trabalho e da póspolítica. In: FERRETI, C., SILVA JR., J. R., OLIVEIRA, M. R. N. S. (Orgs.). *Trabalho, formação e currículo. Para onde vai a escola.* São Paulo: Xamã, 1999b.

_____. *Teorias do currículo.* Porto: Porto Editora, 2000.

STEFFEN, Ivo. Modelos de competência profissional. Oficina Internacional do Trabalho. Impressos do Curso: Normalização, formação e certificação de competências. Belo Horizonte, 12 a 13 mar. 2001.

STROOBANTS, Marcelle. A visibilidade das competências. In: TANGUI, Lucie; ROPÉ, Françoise. *Saberes e competências. O uso de tais noções na escola e na empresa.* Trad. de Patrícia C. Ramos. Campinas: Papirus, 1997.

TANGUY, L. Racionalização pedagógica e legitimidade política. In: TANGUY, Lucie; ROPÉ, Françoise. *Saberes e competências. O uso de tais noções na escola e na empresa.* Trad. de Patrícia C. Ramos. Campinas: Papirus, 1997a.

_____. Formação: uma atividade em vias de definição? *Revista Veritas*, v. 42, n. 2, jun. 1997b.

_____. Do sistema educativo ao emprego. Formação: um bem universal? *Educação & Sociedade.* v. 20, n° 67, 1999.

TANGUY, Lucie; ROPÉ, Françoise. *Saberes e competências. O uso de tais noções na escola e na empresa* — Introdução. Trad. de Patrícia C. Ramos. Campinas: Papirus, 1997.

TYLER, Ralph W. *Princípios básicos de currículo e ensino.* Trad. de Leonel Vallandro. 3. ed. Porto Alegre: Globo, 1976.

VEIGA-NETO, Alfredo. Culturas e currículo. Texto apresentado no curso de extensão Teoria e Prática da Avaliação Escolar, promovido pela UFRGS, para o Conselho de Diretores das Escolas Agrotécnicas Federais, na EAF de Sertão, RS, 1995.

WILLIANS, Raymond. *Cultura.* Trad. de Lólio Lourenço de Oliveira. Rio de Janeiro: Paz e Terra, 1992.

WILLIS, Paul. *Aprendendo a ser trabalhador*: escola, resistência e reprodução. Trad. de Tomaz Tadeu da Silva. Porto Alegre: Artes Médicas, 1991.

LEIA TAMBÉM

CURRÍCULO NA CONTEMPORANEIDADE
incertezas e desafios

Regina Leite Garcia • Antonio Flavio Barbosa Moreira (Organizadores)

*Beatriz Sarlo Gunther Kress • James G. Ladwig • Johan Muller • John Willinsky
José Gimeno Sacristán • José Gregorio Rodriguez • Juan Carlos Garzón
Luiza Cortesã • Nicholas Burbules Stephen R. Stoer • William F. Pinar*

320 págs. / ISBN 978-85-249-0973-3

A idéia deste livro é trazer para o público brasileiro parte do que vem sendo produzido no mundo, no campo do currículo. Em nossos estudos e pesquisas fomos conhecendo alguns e algumas d@s mais importantes teóric@s que tratam, direta ou indiretamente, da questão do currículo – alguns e algumas poderiam ser considerad@s especialistas em currículo, outr@s abordam a questão curricular apenas indiretamente, por não ser essa a sua principal preocupação. Tod@s, no entanto, referem-se à escola. Uns mergulham em seu cotidiano, outr@s focalizam a relação da escola com o seu entorno – a comunidade, a cidade, o país, o mundo globalizado. Uns refletem sobre experiências práticas, outr@s desenvolvem discussões teóricas. Procuramos escolher "o melhor", certos de que muito do que há de "melhor" ficou de fora de nossa seleção, pelo limite do número de páginas de um livro. Nesse esforço, o livro reúne produções intelectuais da América Latina, da América do Norte, da Europa, da África, da Austrália.

LEIA TAMBÉM

FORMAÇÃO CONTINUADA E GESTÃO DA EDUCAÇÃO

Naura Syria Carapeto Ferreira (Org.)

Agueda Bernardete Bittencourt • Carlos A. Vilar Estêvão
Flávia Obino Corrêa Werle • João Barroso • Lindomar Wessler Boneti
Maria Amélia Sabbag Zainko • Maria Teresa Estrela
Mariano Fernández Enguita • Myriam Feldfeber • Pablo Imen
Samira Kauchakje • Sidney Reinaldo da Silva

320 págs. / ISBN 978-85-249-0971-9

Esta obra expõe ao público uma grande contribuição do "pensar" específico sobre a relação da educação continuada e da gestão da educação. Reunindo textos de autores de vários países, o livro pretende colocar à disposição do leitor uma reflexão útil para pensar a situação atual da formação continuada como uma determinação importante da gestão da educação. E de como a gestão da educação, pelo conteúdo e forma de desenvolvimento e intervenção, contribui com a formação continuada. Destina-se a todos os que trabalham com a formação de profissionais da educação e com a gestão da educação, a todos que formam profissionais da educação e que se formam profissionais da educação, como gestores da educação, professores, supervisores, orientadores, diretores.

LEIA TAMBÉM

A PEDAGOGIA DAS COMPETÊNCIAS
autonomia ou adaptação?

Marise Nogueira Ramos

320 págs. / ISBN 978-85-249-0816-3

Trata-se de um livro que servirá de base para uma profunda análise crítica ao ideário pedagógico das reformas educativas dominantes no Brasil e na América Latina que permeiam os diferentes níveis de ensino e, especialmente, o âmbito da educação técnico-profissional. Uma obra obrigatória como referência para professores do ensino fundamental, médio e superior, para sindicatos e grupos que atuam com processos educativos e de formação junto aos trabalhadores e que resistem às concepções educativas impostas pelo ideário neoliberal. Mais do que isso, o leitor encontrará os elementos básicos que fundamentam propostas educativas alternativas para uma sociedade efetivamente democrática e solidária.

Gaudêncio Frigotto